BEI GRIN MACHT SICH IHR WISSEN BEZAHLT

- Wir veröffentlichen Ihre Hausarbeit, Bachelor- und Masterarbeit

- Ihr eigenes eBook und Buch - weltweit in allen wichtigen Shops

- Verdienen Sie an jedem Verkauf

Jetzt bei www.GRIN.com hochladen und kostenlos publizieren

Gloria Träger

Interkulturelle Kompetenz am Beispiel Indiens

Von Max Müller bis heute

GRIN Verlag

Bibliografische Information der Deutschen Nationalbibliothek:

Die Deutsche Bibliothek verzeichnet diese Publikation in der Deutschen Nationalbibliografie; detaillierte bibliografische Daten sind im Internet über http://dnb.d-nb.de/ abrufbar.

Dieses Werk sowie alle darin enthaltenen einzelnen Beiträge und Abbildungen sind urheberrechtlich geschützt. Jede Verwertung, die nicht ausdrücklich vom Urheberrechtsschutz zugelassen ist, bedarf der vorherigen Zustimmung des Verlages. Das gilt insbesondere für Vervielfältigungen, Bearbeitungen, Übersetzungen, Mikroverfilmungen, Auswertungen durch Datenbanken und für die Einspeicherung und Verarbeitung in elektronische Systeme. Alle Rechte, auch die des auszugsweisen Nachdrucks, der fotomechanischen Wiedergabe (einschließlich Mikrokopie) sowie der Auswertung durch Datenbanken oder ähnliche Einrichtungen, vorbehalten.

Impressum:

Copyright © 2009 GRIN Verlag GmbH
Druck und Bindung: Books on Demand GmbH, Norderstedt Germany
ISBN: 978-3-640-63737-9

Dieses Buch bei GRIN:

http://www.grin.com/de/e-book/151822/interkulturelle-kompetenz-am-beispiel-indiens

GRIN - Your knowledge has value

Der GRIN Verlag publiziert seit 1998 wissenschaftliche Arbeiten von Studenten, Hochschullehrern und anderen Akademikern als eBook und gedrucktes Buch. Die Verlagswebsite www.grin.com ist die ideale Plattform zur Veröffentlichung von Hausarbeiten, Abschlussarbeiten, wissenschaftlichen Aufsätzen, Dissertationen und Fachbüchern.

Besuchen Sie uns im Internet:

http://www.grin.com/

http://www.facebook.com/grincom

http://www.twitter.com/grin_com

Inhaltsverzeichnis

1. Einleitung..4
2. Annäherung an den Kulturbegriff 9
3. Max Müllers Leben und Wirken..14
   3.1 Vorstellung der Person Friedrich Max Müller..................................15
   3.2 Die britische Kolonialherrschaft vom 17.-19. Jahrhundert..............25
   3.3 Max Müllers Indienbild 26
   3.4 Max Müllers Vorlesungen vor den Kandidaten des Indian Civil Service in Cambridge........28
      3.4.1. India- what can it teach us?..30
      3.4.2 The truthful character of the Hindus..32
      3.4.3 Human interest of Sanskrit literature..35
      3.4.4 Objections..37
      3.4.5 The lessons of the Veda..39
      3.4.6 Vedic deities...41
      3.4.7 Veda and Vedanta..43
4. Ursachen für den Wandel in der Vermittlung interkultureller Kompetenz...................46
   4.1 Indiens Weg in die Unabhängigkeit..46
   4.2 Indiens wirtschaftliche Entwicklung seit der Unabhängigkeit und die neue Rolle Europas. .48
   4.3 Das Verhältnis von Indien und Deutschland heute..........................51
5. Vermittlung interkultureller Kompetenz heute: Interkulturelles Training........................53
   5.1 Was ist interkulturelle Kompetenz?..53
   5.2 Vom Zusammentreffen zweier Kulturen..56
      5.2.1 Kulturschock..56
      5.2.2 Kommunikation...58
         5.2.2.1 Definition und Ebenen von Kommunikation..................58
         5.2.2.2 Verbale und nonverbale Kommunikation 59
         5.2.2.3 Paraverbale Kommunikation...60
         5.2.2.4 Direkte und indirekte Kommunikation...........................61
         5.2.2.5 Kommunikationspsychologische Modelle.....................62
      5.2.3 Stereotype und Vorurteile...65
   5.3 Interkulturelles Training..67
      5.3.1 Definition und Entwicklung...67

5.3.2 Trainingsarten..........67

5.3.3 Ziele und Methoden des Trainings..........70

5.3.4 Erfolgreiches Training..........71

5.4 Moderne Theorien und Methoden der Kulturvermittlung..........72

   5.4.1 Das Modell der Kulturdimensionen..........72

      5.4.1.1 Individualismus versus Kollektivismus..........74

      5.4.1.2 Zeit..........76

      5.4.1.3 Weitere Dimensionen..........77

   5.4.2 Das Modell der Kulturstandards..........82

   5.4.3 Culture Assimilator..........86

6. Gegenüberstellung der Kulturvermittlung Max Müllers und der Vermittlung interkultureller Kompetenz heute..........88

   6.1 Kulturverständnis..........89

   6.2 Zeitliche Einordnung und Hintergrund der Vermittlung..........91

   6.3 Zielgruppe..........95

   6.4 Gründe und Ziele für die Vermittlung zwischen Kulturen..........96

   6.5 Methoden und Herangehensweise der Vermittlung..........98

   6.6. Kritische Würdigung..........103

      6.6.1 Max Müller..........103

      6.6.2 Die Vermittlung interkultureller Kompetenz heute..........107

7. Zusammenfassung und Fazit..........111

8. Literaturverzeichnis..........114

9. Anhang..........124

   9.1 Übersicht über Müllers Werke..........124

„Wer sich selbst und andere kennt,

wird auch hier erkennen:

Orient und Occident

sind nicht mehr zu trennen.

(Goethe: westöstlicher Diwan)

1. Einleitung

Die fortschreitende Globalisierung, die Verflechtung der Weltwirtschaft sowie Internationalisierung und Migration in der heutigen Gesellschaft machen die Auseinandersetzung mit Mitgliedern anderer Kulturen unumgänglich.[1] Der Kontakt mit kultureller Andersartigkeit gehört somit mittlerweile zum Alltag eines fast jeden Menschen. Vor allem von Fach- und Führungspersonen wird daher die Kompetenz verlangt, mit Mitgliedern anderer Kulturen erfolgreich und harmonisch zusammenarbeiten zu können. Da immer mehr Firmen Tochterfirmen im Ausland gründen oder ihren Standort gar ganz in ein anderes Land verlegen, werden von den Mitarbeitern mehr als nur gute Fachkenntnisse erwartet. Es wird immer mehr die Qualifikation der interkulturellen Kompetenz gefordert. Diese Kompetenz bedeutet nicht mehr nur einen Wettbewerbsvorteil, vielmehr gehört sie mittlerweile zu den Grundvoraussetzungen, um sich auf dem internationalen Markt behaupten zu können.[2] Manche Unternehmen sehen in der Multikulturalität der Mitarbeiter sogar eine Voraussetzung für wirtschaftlichen Erfolg.[3]

Globalisierung bedeutet nicht, dass kulturelle Unterschiede in Zukunft nicht mehr existieren werden, da alle Kulturen zu einer großen Weltkultur zusammenfließen. Vielmehr findet parallel zum Prozess der Globalisierung eine „Rückbesinnung auf lokal-kulturelle Traditionen und ihre Wiederentdeckung" statt.[4] Diese Korrelation zwischen globalen und lokalen Prozessen wird auch unter dem Begriff „*Glokalisierung*" diskutiert.[5] Kulturelle Unterschiede bleiben bestehen. Aus diesem Grund ist die Beschäftigung mit der eigenen kulturellen sowie der fremdkulturellen Prägung und den daraus entstehenden Missverständnissen und Vorurteilen die Voraussetzung für harmonische, tolerante und erfolgreiche Interaktion oder Zusammenarbeit in interkulturellen Begegnungen, die in der heutigen Zeit allgegenwärtig sind.

Sowohl Auswirkungen der Globalisierung als auch eine Vielzahl an kulturellen Traditionen vereinen sich in besonderem Maße in Indien. Auf der einen Seite erlangt dieses Land auf dem Weltmarkt immer mehr Bedeutung und Präsenz. Die rasche und anhaltende wirtschaftliche Entwicklung Indiens seit der Unabhängigkeit im Jahr 1947, vor allem im Bereich der Informationstechnologie, weckt zunehmend das Interesse vieler ausländischer Unternehmen. Auf

---

1 Auernheimer, 2007:15
2 Baumer, 2002:14
3 Moosmüller, 2007:36
4 Kleiner; Strasser, 2003:12
5 Kleiner; Strasser, 2003:12
  Der Begriff „Glokalisierung" wurde geprägt von Ronald Robertson

der anderen Seite hat sich Indien seine jahrtausendealten Traditionen bewahrt.[6]

Auch bereits vor der Unabhängigkeit war Indien, bedingt durch die britische Kolonialherrschaft, in der Gewürze und Textilien exportiert wurden, von wirtschaftlichem Reiz. Die britischen Kolonialherren hatten jedoch kein kulturelles Interesse an Indien.[7] Das Interesse an Indien war vornehmlich ein politisches und wirtschaftliches. Die indische Bevölkerung wurde nicht als Träger einer langen kulturellen Tradition, sondern vielmehr als „unzivilisierte Lügner" und „Barbaren" gesehen, denen man mit Verachtung und Hochmut begegnete.[8]

Jedoch gab es auch in England Menschen, die sich für die Wertschätzung der indischen Kultur eingesetzt haben. Einer davon war der deutsche Indologe Friedrich Max Müller, der, als in England lebender Deutscher, bereits im 19. Jahrhundert auf den Wert aufmerksam machte, den interkulturelle Begegnungen haben können. Ihm war es zur Zeit der britischen Kolonialherrschaft ein persönliches Anliegen, sich für die Vermittlung der indischen Kultur einzusetzen und die Wichtigkeit und Notwendigkeit von gegenseitigem Verständnis und Toleranz zu betonen. Zudem machte er auf die Gefahr von Missverständnissen und Vorurteilen aufmerksam.

Seit der britischen Herrschaft in Indien ist viel Zeit vergangen, in der weltweit und somit auch in Bezug auf Indien einige wichtige Entwicklungen stattfanden. Indien und die westliche Welt stehen sich in der heutigen Zeit als zwei gleichberechtigte Partner gegenüber. Die wirtschaftliche, aber auch kulturelle Zusammenarbeit mit Indien wird immer stärker und bedeutender. „Indien schickt jedes Jahr 450 000 bis 500 000 gut ausgebildete Ingenieure auf den Weltmarkt. Fast jeder dritte Softwareingenieur ist heute Inder."[9]

Doch die Vielfalt der indischen Kultur sorgt in der westlichen Welt leicht für Verwirrungen und Missverständnisse, da die Kulturen sich sehr voneinander unterscheiden. Um diese kulturellen Unterschiede zwischen Ländern kennenzulernen und produktiv nutzen zu können, anstatt sie zum Hindernis werden zu lassen, werden Lehrprogramme, die Fach- und Führungskräfte auf die Zusammenarbeit mit Mitgliedern anderer Kulturen vorbereiten, immer bedeutsamer.[10] Durch diese Lehrprogramme soll interkulturelle Kompetenz vermittelt werden. Kulturbedingte Unterschiede und ihre Ursachen bezüglich Normen, Werten, Verhalten und Kommunikation werden thematisiert. Dies soll eine gewisse Sensibilität dafür schaffen. Missverständnisse sowie Vorurteile sollen

---

6 Zum Beispiel sind 80,5% der indischen Bevölkerung Hindus,
  www.cia.gov/library/publications/the-world-factbook/geos/in.html;
  Der klassische Hinduismus entstand bereits 200 v. Chr., Michaels, 2006:48
7 Chaudhuri, 2008:130
8 Müller, 2007:42, Chaudhuri, 2008:306
9 Woyke, 2008:5
10 Baumer, 2002:14f

beseitigt werden, um gegenseitiges Verständnis und Toleranz zwischen den Mitgliedern verschiedener Kulturen möglich zu machen. Zudem wird darauf aufmerksam gemacht, dass interkulturelle Begegnungen dazu beitragen können, den eigenen Horizont zu erweitern und dass es *Synergiepotenziale*[11] gibt, die man schätzen und nutzen sollte.

Und auch schon 1882 machte Max Müller auf den Wert von kulturellem Austausch aufmerksam. Denn in diesem Jahr hielt er unter dem Titel: *India-what can it teach us?* eine einmalige Vorlesungsreihe vor den Kandidaten des *Indian Civil Service*.[12] Doch hatte Müller dieselben Synergiepotenziale im Sinn wie die Vermittlung interkultureller Kompetenz heute? Welche Motivation leitete Müller und was sind heute die Intentionen und Ziele der Kulturvermittlung? Welche Bedeutung hat dabei der historische Kontext? Welche Methoden verwendete Müller damals und welche Methoden stehen heute bei der Kulturvermittlung zur Verfügung? Um unter anderen diese Fragen zu beantworten, stelle ich in der vorliegenden Arbeit die Kulturvermittlung Max Müllers, in Form seiner Vorlesungen vor dem Indian Civil Service, und die Vermittlung interkultureller Kompetenz heute, in Form von interkulturellen Trainings, einander gegenüber, um sie hinsichtlich Gemeinsamkeiten und Unterschieden zu analysieren.

Zu Beginn ist dafür eine Definition des Begriffs der Kultur notwendig. Aufgrund der Komplexität des Begriffs ist es allerdings sinnvoller von einer Begriffsannäherung zu sprechen. Im Anschluss an die Erläuterung des Kulturbegriffs beschäftige ich mich im ersten großen Teil der Arbeit mit Friedrich Max Müller und seinem Einfluss auf die Vermittlung der indischen Kultur. Um Müllers Wirken verstehen zu können, gehe ich neben seiner Biografie auch kurz auf die zeitliche Epoche, in der er lebte, ein. Dabei beschränke ich mich an dieser Stelle auf die Lebenszeit Müllers. Den indischen Freiheitskampf und die Erlangung der Unabhängigkeit behandele ich an späterer Stelle.

In Zentrum der Analyse von Müllers Wirken steht in dieser Arbeit die Vorlesungsreihe beim Indian Civil Service. Jede der insgesamt sieben Vorlesungen stelle ich daher ausführlich dar, um die jeweiligen Grundanliegen Müllers deutlich zu machen. Es sei jedoch darauf hingewiesen, dass diese Vorlesungsreihe nur einen kleinen Teil von Müllers Arbeit ausmacht. Auf Vorlesungen, die er zu anderen Themen gehalten hat sowie auf alle anderen Aspekte und Werke Müllers kann ich nur dann und insoweit eingehen, wie sie für die Darstellung von Müllers Indienbild sowie seiner Bemühungen der Kulturvermittlung zwischen England und Indien von Bedeutung sind. Max Müller hat sich in seinem Leben mit zu vielen unterschiedlichen Themen beschäftigt und damit nicht selten Kontroversen ausgelöst, dass es einer eigenen Arbeit bedürfte, um jedem Aspekt

---

11 Tjitra; Thomas, In: Nicklas; Müller; Kordes (Hrsg.), 2006:255
12 1883 erschien die Vorlesungsreihe als Buch mit gleichnamigem Titel. Vorliegend wird die Neuausgabe von 2007 verwendet; Müller, 2007

gerecht zu werden.[13] Werden verschiedene Tätigkeiten innerhalb seiner Karriere angesprochen, so dient dies nur dazu, ein lebhafteres und deutlicheres Bild von Max Müller zu schaffen, da eine seiner Eigenschaften sein reges Arbeitsverhalten war. Auch auf Müllers Verhältnis zur Religion in seinem Heimatland sowie auf das Thema Missionierung gehe ich nicht im Detail ein, da dies ein eigenes, sehr komplexes Thema darstellt, welchem ich im Rahmen dieser Arbeit nicht gerecht werden kann.

Seit der Kolonialzeit, zu der Max Müller lebte, fanden globale Entwicklungen statt, die auch Indien betrafen. Somit veränderte sich auch die Art der Kulturvermittlung. Um dies verstehen zu können, muss man einen Blick auf die geschichtliche Entwicklung Indiens werfen. Indien ist mittlerweile ein unabhängiges Land, das sich, vor allem wirtschaftlich gesehen, schnell weiterentwickelt. Daraus resultiert auch ein verändertes Verhältnis zwischen Indien und Europa, welches Auswirkungen auf die Vermittlung interkultureller Kompetenz in der heutigen Zeit hat. Aus diesem Grund gehe ich zuerst auf den indischen Freiheitskampf und die daraus resultierende Unabhängigkeit ein. Im Folgenden skizziere ich kurz die wirtschaftliche Entwicklung Indiens seit der Unabhängigkeit sowie das neue Verhältnis von Indien und Europa. Dies dient dazu, sich ein Bild des heutigen Indiens im Vergleich zum Indien der Kolonialzeit machen zu können. Explizit erwähne ich dabei noch einmal das Verhältnis zwischen Indien und Deutschland.

Nach der Darstellung dieser wichtigen Zeit in der indischen Geschichte beschäftige ich mich im nächsten Teil der Arbeit mit der Vermittlung interkultureller Kompetenz heute. Zu Beginn stelle ich vor, was unter interkultureller Kompetenz verstanden wird. In einem nächsten Schritt gehe ich auf die Auswirkungen, die das Zusammentreffen verschiedener Kulturen haben kann, angefangen vom Kulturschock, über Kommunikation, bis hin zu Stereotypen und Vorurteilen, ein. Da Kommunikation ein sehr komplexes Thema darstellt, unterteile ich es in einzelne Aspekte: die Definition von Kommunikation, die verschiedenen Ebenen von Kommunikation, verbale und nonverbale Kommunikation, paraverbale Kommunikation sowie direkte und indirekte Kommunikation. Abschließend zum Thema Kommunikation stelle ich noch zwei heute häufig verwendete kommunikationspsychologische Modelle vor.

Folgend auf die Auswirkungen interkultureller Begegnungen gehe ich auf die Vermittlung interkultureller Kompetenz heute, in Form von interkulturellen Trainings, ein. In einem ersten Schritt definiere ich interkulturelles Training, bevor ich auf die Entwicklung sowie Sinn und Ziele solcher Trainings eingehe. Darauf folgt die Unterscheidung zwischen den verschiedenen Trainingsarten- und methoden. Abschließend beschäftige ich mich noch mit dem Zeitpunkt eines

---
13 Für eine vollständige Auflistung von Müllers Werken siehe Punkt 9.1

Trainings sowie mit Kriterien, die ein erfolgreiches interkulturelles Training ausmachen. Anschließend stelle ich die gegenwärtig bekanntesten Theorien und Modelle vor, die bei interkulturellen Trainings verwendet werden. Dies sind zum einen drei bekannte Modelle zu der Theorie der *Kulturdimensionen*. Ich beschränke mich hierbei auf die drei Wissenschaftler Geert Hofstede, Edward T. Hall und Fons Trompenaars. Des weiteren erläutere ich das Modell der *Kulturstandards*, das vor allem von Alexander Thomas geprägt wurde. Zum Abschluss der Theorien und Modelle stelle ich die Trainingsmethode *Culture Assimilator* vor, mit der gegenwärtig bei interkulturellen Trainings viel gearbeitet wird, vor allem in Verbindung mit dem Modell der Kulturstandards.

Nachdem ich die Kulturvermittlung von Max Müller sowie die heutige Form der Vermittlung interkultureller Kompetenz vorgestellt und erläutert habe, bringe ich diese beiden Ansätze miteinander in Verbindung. Ich stelle die Arbeit von Müller sowie die Arbeit im Bereich der interkulturellen Begegnungen und Kompetenz einander gegenüber und analysiere sie hinsichtlich Gemeinsamkeiten und Unterschieden. Dabei arbeite ich die möglichen Gründe heraus und diskutiere sie. Aus Gründen der strukturellen Klarheit unterteile ich die Analyse in verschiedene abstrahierte Ebenen. Somit soll eine präzise Gegenüberstellung ermöglicht werden. Die einzelnen Analyseebenen sind jedoch nicht gänzlich voneinander getrennt zu sehen, sondern stehen in Verbindung zueinander und greifen ineinander über. Aus diesem Grund sind inhaltliche Überlappungen zwischen den Ebenen nicht zu vermeiden.

Des weiteren werde ich in einer kritischen Würdigung sowohl Max Müllers Arbeit als auch die Vermittlung interkultureller Kompetenz heute beurteilen, um dann nach einer kurzen Zusammenfassung ein abschließendes Fazit zu ziehen.

2. Annäherung an den Kulturbegriff

„Der Mensch ist [...] von Natur aus ein Kulturwesen. Es ist also „unnatürlich", wenn Menschen „kulturlos" leben."[14] Dieser Äußerung liegt die Vorstellung zugrunde, dass Menschen, im Gegensatz zu Tieren, über keine Instinkte verfügen, die ihr Überleben zu sichern versuchen. Der Mensch reagiert also nicht nur instinktiv, wie das Tier, sondern verbindet sein Handeln mit einem Sinn. Dieses sinnhafte Handeln ist die Basis der Kultur.[15] Da der Mensch allein jedoch in der Regel nicht überleben kann, schließt er sich zu Kollektiven zusammen und handelt in diesen. Die entstehende Kultur bietet den Ausgleich zum fehlenden Instinkt, sie bietet Sicherheit und eine Verhaltensordnung. Kultur ist demnach ein Phänomen, dass nur beim menschlichen Wesen und in Kollektiven auftritt, wobei es zwischen Kultur und Mensch eine Wechselbeziehung gibt: die Kultur prägt den Menschen und der Mensch schafft Kultur.[16] Es gibt „so wenig eine Kultur ohne Gesellschaft wie eine Gesellschaft ohne Kultur."[17] Kultur ist in diesem Sinne ein Bedeutungssystem. Sie gibt den Ereignissen, Gebilden und Inhalten im individuellen Umfeld durch „symbolische Verschlüsselungen"[18] eine Bedeutung, so dass das Individuum einen Sinn damit verbinden kann. Dieser Sinn schafft Möglichkeiten und Ordnung.[19]

Individuen wachsen in ihre jeweilige Kultur (Enkulturation) oder Gesellschaft (Sozialisation) hinein. Der Mensch wird zwar in eine Kultur hineingeboren, Kultur ist jedoch nicht angeboren, sondern wird während der Sozialisation erlernt. Im Zuge dessen werden „bestimmte Denk,- Fühl- und Handlungsmuster im Kopf eines Menschen gefestigt [...]."[20] Diese Muster, die hochgradig von der sozialen Umwelt abhängig sind und daher variieren können, nennt Geert Hofstede auch „mentale Programme."[21] Kultur wird von Generation zu Generation weitergegeben, wobei dies nicht bedeutet, dass Kultur statisch ist. Vielmehr ist sie immer der Möglichkeit des Wandels und der Veränderung ausgesetzt. Wie Kultur weitergegeben wird, hängt zusammen mit den drei Dimensionen, der mentalen, sozialen und materialen Dimension, in die Kultur unterteilt werden kann. Die mentale Dimension ist nicht sichtbar und umfasst zum Beispiel Gefühle und Gedanken. Die soziale Dimension ist sichtbar und meint soziale Interaktionen. Die materiale Dimension ist ebenfalls sichtbar und beinhaltet unter anderem Medien, Literatur und Kunstwerke. Die mentale

---

14 Feldmann, 2005:19
15 Tenbruck, 1989:46
16 Maletzke, 1996:20
17 Tenbruck, 1989:45
18 Tenbruck, 1989:48
19 Schroll-Machl, 2007:26f
20 Hofstede, 2006:2f
21 Hofstede, 2006:2f

Dimension von Kultur ist zwar nicht sichtbar, sie drückt sich jedoch in der sozialen und der materialen Dimension aus. Alle drei Dimensionen sind also miteinander verbunden, wodurch Kultur an die nächste Generation weitergegeben werden kann. Dies wird „kollektives Gedächtnis" genannt. Doch da „Artefakte immer nur von einigen Mitgliedern der Kultur [...] produziert werden, besteht nie eine 1:1-Entsprechung zwischen der mentalen Dimension und dem, was man im materialen und sozialen Bereich tatsächlich „sieht"."[22] Daher ist der Rückschluss von der sozialen und der materialen Dimension auf die mentale Dimension nicht ohne weiteres möglich.[23]

Eine eindeutige und allgemein gültige Definition des Phänomens Kultur gibt es nicht. Bei der Beschäftigung mit Kultur kommt es in hohem Maße auf die Perspektive der Betrachtung an. Viele unterschiedliche wissenschaftliche Disziplinen, wie zum Beispiel die Anthropologie, Psychologie, Soziologie und die Kommunikationswissenschaften, beschäftigen sich damit.[24] Aus diesem Grund existieren auch viele verschiedene Definitionen von Kultur nebeneinander. All diese Definitionen haben jedoch laut dem Erziehungswissenschaftler Georg Auernheimer zwei Gemeinsamkeiten: den symbolischen Charakter von Kultur und ihre Orientierungsfunktion, auftretend als Erwartungen des täglichen Verhaltens. Diese bauen auf gemeinsamen Werten und Normen auf. Neben dieser Orientierungsfunktion hat Kultur auch noch eine Identifikationsfunktion: das Individuum fühlt sich der Kultur zugehörig und festigt somit seine Identität.[25] Der Kommunikationswissenschaftler Gerhard Maletzke bietet für Kultur folgende Definition an:

> „In der Kulturanthropologie ist Kultur im Wesentlichen zu verstehen als ein System von Konzepten, Überzeugungen, Einstellungen und Wertorientierungen, die sowohl im Verhalten und Handeln der Menschen als auch in ihren geistigen und materiellen Produkten sichtbar werden. Ganz vereinfacht kann man sagen: Kultur ist die Art und Weise, wie die Menschen leben und was sie aus sich selbst und ihrer Welt machen."[26]

Es gibt jedoch auch die Möglichkeit, nicht nur die Lebensgestaltung, sondern vielmehr die Gruppe, die diese ausführt, als Kultur zu bezeichnen. Diese Sichtweise vertritt der amerikanische Psychologe Richard W. Brislin. Er versteht unter Kultur eine „identifizierbare Gruppe mit gemeinsamen Überzeugungen und Erfahrungen, mit Wertgefühlen, die mit diesen Erfahrungen verbunden sind, und mit einem Interesse an einem gemeinsamen historischen Hintergrund."[27]

---

22 Erll; Gymnich, 2007:22f
23 Erll; Gymnich, 2007:22ff
24 Maletzke, 1996:18f
25 Auernheimer, 2007:74
26 Maletzke, 1996:16
27 Maletzke, 1996:16

In der Interkulturalitätsforschung wird Kultur als „soziale (oder kollektive) Konstruktion der Wirklichkeit"[28] verstanden. Unsere Wirklichkeit wird erst Wirklichkeit, indem bestimmte Aspekte der eigenen Realität Bedeutungen bekommen. Damit ist die Gestaltung der menschlichen Lebenswelten gemeint, da nichts in unserem Umfeld einfach gegeben ist, sondern vielmehr kulturell konstruiert wurde.[29] Es werden also innerhalb einer Kultur kollektiv gültige Gewohnheiten herausgebildet. Dieser Prozess wird auch *Standardisierung* genannt.[30] Wichtig ist dabei, dass die Standardisierungen in anderen Kulturen verschieden sein können. Dies kann zur Folge haben, dass Mitglieder unterschiedlicher Kulturen auf ein und dasselbe Ereignis verschieden reagieren. Besonders bei der Kommunikation gibt es „kulturelle codes [...] d.h. Konventionen über den Gebrauch und die Bedeutung von Zeichen."[31] Standardisierung soll jedoch nicht bedeuten, dass alle Mitglieder einer Kultur gleich bzw. Kulturen in sich geschlossene homogene Gebilde sind. Dies entspricht eher dem traditionellen Kulturkonzept nach Johann Gottfried Herder (1744-1803) aus dem 18. Jahrhundert. Hier wurde Kultur noch als Einzelkultur verstanden, die sich von anderen Kulturen abgrenzte und innerhalb ihrer Grenzen als relativ homogen angesehen wurde.[32]

Heute wird eher die Auffassung vertreten, dass nicht nur zwischen verschiedenen Kulturen, sondern auch zwischen den Mitgliedern innerhalb einer Kultur große individuelle Unterschiede bestehen. Kulturen sind nicht in sich geschlossen, vielmehr heterogen, nach außen offen und ständig in einem Veränderungsprozess begriffen.[33] In einer Kultur finden sich unzählige andere Kulturen, sozusagen „Subkulturen". So sind Menschen einer Nationalkultur zugleich auch noch Mitglieder verschiedener anderer Kulturen, wie zum Beispiel der Kirchenkultur, der Kultur der Lesebegeisterten oder der Umweltschützer. Klaus-Peter Hansen verwendet hierfür den Begriff *Multikollektivität* oder *Mehrfach-Mitgliedschaften*. Ein Individuum verbindet und kombiniert diese einzelnen Kulturen miteinander. Die Art der Kombination ist, aller Wahrscheinlichkeit nach, ein Unikat und nicht identisch in zwei oder mehreren Menschen zu finden. Sie macht das Individuum erst zu einem Individuum. In Anlehnung an Hansen entwickelte Stefanie Rathje das *Kohäsions-Modell*. Demnach ist Kultur zu verstehen als breites Angebot an Problemen, Deutungen, Herausforderungen und Kulturthemen. Dieses Angebot ergibt sich durch die jeweilige Geschichte des Kollektivs.[34] Auf globaler Ebene spricht der schwedische Sozialanthropologe Ulf Hannerz von Kulturen als „global vernetzte Gemeinschaftsressource, aus der sich Individuen und soziale

---

28 Erll; Gymnich, 2007:19
29 Erll; Gymnich, 2007:19
30 Erll; Gymnich, 2007:20
31 Erll; Gymnich, 2007:20
32 Welsch, In: Schneider; Thomsen (Hrsg.), 1997:67
33 Erll; Gymnich, 2007:26
34 Erll; Gymnich, 2007:28

Gruppen bedienen, um ihre kulturellen Eigenarten auszuformen."[35] Kulturen haben bestimmte Merkmale, so zum Beispiel kulturbedingte Werte und Normen, Symbole, Sprache und Kulturgegenstände.[36] Alle diese Merkmale stehen in Verbindung miteinander und erst ihre Gesamtheit liefert das „spezifische Profil einer Kultur."[37] Jedoch ist die häufige Annahme, dass die Merkmale der Kulturen auch auf jedes einzelne Mitglied der Kultur zutreffend sind, nicht richtig und kann zu Konflikten führen. Dasselbe gilt für die Vorstellung, dass sich Kulturen aufgrund der Merkmale klar voneinander abgrenzen.[38]

In den Neunziger Jahren des 20. Jahrhunderts hat der deutsche Philosoph Wolfgang Welsch das Konzept der *Transkulturalität* entwickelt, da er der Meinung war, dass die gegenwärtige kulturelle Situation in der Welt eine neue Konzeptuierung benötige. Allen voran wendet er sich gegen das traditionelle Konzept, indem Kulturen als voneinander getrennte Einzelkulturen verstanden wurden. Moderne Gesellschaften, so Welsch, seien zu komplex und differenziert, horizontal wie vertikal, als dass diese begriffliche Erfassung dem noch gerecht werden könne. Er geht sogar soweit zu behaupten, das traditionelle Kulturkonzept „tendiert in seiner begrifflichen Konsequenz zu kulturellem Rassismus."[39] Auch mit den Begriffen der *Multikulturalität* und *Interkulturalität* ist Welsch nicht ganz einverstanden. Diese gestehen zwar kulturelle Unterschiede auch innerhalb einer Gesellschaft ein, jedoch werden diese immer noch als in sich geschlossen dargestellt. Daher lehnen sich auch diese Begrifflichkeiten eher an den traditionellen Kulturbegriff an.[40] Dem widerspricht er:

> „Unsere Kulturen haben de facto längst nicht mehr die Form von Homogenität und Separiertheit. Sie haben vielmehr eine neuartige Form angenommen, die ich als transkulturell bezeichne, weil sie durch die traditionellen Kulturgrenzen wie selbstverständlich hindurchgeht. Die kulturellen Verhältnisse sind heute weithin durch Mischungen und Durchdringungen gekennzeichnet."[41]

Dies findet unter anderem als Folge von Globalisierung, Migrationen und verbesserter Kommunikationsmittel statt.[42] Kern dieses Konzepts ist also anstatt Ausgrenzung „Anschließen", welches gegebenenfalls ein gewisses Umdenken erfordert. Fremdes ist nicht länger fremd, wenn

---

35 Schulze-Engler, In: Antor (Hrsg.), 2006:46
36 Feldmann, 2005:20
37 Maletzke, 1996:42
38 Erll; Gymnich, 2007:19
39 Welsch, In: Schneider; Thomsen (Hrsg.), 1997:69
40 Welsch, In: Schneider; Thomsen (Hrsg.), 1997:69f
41 Welsch, In: Schneider; Thomsen (Hrsg.), 1997:71
42 Welsch, In: Schneider; Thomsen (Hrsg.), 1997:71

man sich die möglichen Gemeinsamkeiten vor Augen führt. Diese Verschmelzung, auch *Hybridisierung* genannt, die etwas Neues schafft, kann sodann völlig neue Möglichkeiten aufzeigen und bietet aufgrund der Anschlussfähigkeit und des Austauschs mehr Raum für „Koexistenz als Konflikt."[43] Dies hat auch Auswirkungen auf die Identitätsfunktion von Kultur. In einer transkulturellen Gesellschaft gibt es nicht mehr eine Kultur, zu der man sich zugehörig fühlt und die bei der Identitätsfindung des Individuums als Orientierungshilfe dient. „Vielmehr definieren und positionieren wir uns durch multiple und transgressive Identitäten, die quer über die Grenzen bisheriger Kulturreservoirs hinweg reichen."[44]

Es lässt sich jedoch festhalten, dass man mit den Begriffen Multikulturalität und vor allem Interkulturalität „auch ein friedliches, kommunikativ-dialogisches Miteinander zu fördern sucht"[45] und dabei nicht von Kulturen als sich gegenüberliegend ausgegangen werden muss. Der deutsche Professor für Englische Literaturwissenschaft Heinz Antor schreibt dazu, dass, obwohl Welschs Konzept der Transkulturalität durchaus gültig ist, er mit seiner Behauptung der Nichtexistenz von kulturellen Grenzen jedoch vorgreift, da dies noch nicht der heutigen gesellschaftlichen Realität entsprechen würde. Die monokulturelle Art des Denkens und Orientierens existiere nach wie vor und dürfe nicht ohne weiteres abgesprochen werden.[46]

Alle drei Konzepte gehen jedoch in die gleiche Richtung, wobei dem Begriff der Multikulturalität „der Hinweis auf das Trennungen Überwindende fehlt."[47] Die Forscher auf diesem Gebiet sind sich der Bedeutung ihrer Arbeit, sowie der Schwierigkeit begrifflicher Erfassung bewusst.

> „Wir prägen durch unsere Forschungsaktivitäten und die daraus resultierende Lehre die Einstellungen und Kulturkonzepte künftiger Generationen und beeinflussen dadurch maßgeblich die Qualität menschlichen Zusammenlebens in einer Welt, die immer stärker von inter- und transkulturellen Gegebenheiten bestimmt sein wird."[48]

---

43 Welsch, In: Schneider; Thomsen (Hrsg.), 1997:78
44 Antor, 2006:30
45 Antor, 2006:29
46 Antor, 2006:36
47 Antor, 2006:29f
  Darin liegt auch die Entscheidung für die Namensgebung des Zentrums für Inter- und Transkulturelle Studien (CITS) der Universität zu Köln begründet
48 Antor, 2006:31

3. Max Müllers Leben und Wirken

3.1 Vorstellung der Person Friedrich Max Müller

Friedrich Max Müller, genannt Max Müller, geboren am 6. Dezember 1823 in Dessau, war das zweite Kind des Dichters Wilhelm Müller und seiner Frau Adelheid von Basedow. Er wurde protestantisch erzogen, seine Eltern waren liberal eingestellt. Die Familie Müller war eine angesehene Familie, die einen gut bürgerlichen Lebensstandard genoss und oft zu gesellschaftlichen Abenden zu sich einlud. 1827, als Max vier Jahre alt war, starb sein Vater im Alter von nur 32 Jahren und ließ seine Frau mit zwei kleinen Kindern zurück.[49] Die Bindung zwischen Mutter und Sohn war sehr eng und hielt Zeit ihres Lebens an. Darauf weisen unzähligen Briefe hin, die sich die beiden das ganze Leben lang regelmäßig schrieben. Der Tod des Vaters traf die Familie sehr schwer, auch finanziell wurde die Lage schlechter. Trotzdem wollte die Mutter die schon früh erkannten Talente ihres Sohnes fördern und ihm eine gute Ausbildung ermöglichen.[50] Max Müller besuchte zuerst die Herzogliche Hauptschule in Dessau. Dort entdeckte er im Alter von zehn Jahren seine Liebe zu Indien.

1836 ging Müller nach Leipzig, um die angesehene Nicolai-Schule zu besuchen. Er wohnte dort bei einem alten Freund der Familie, Dr. Ernst August Carus, der ihm Einblicke in die Welt der liberalen Denker gewährte und ihn durch die gesellschaftlichen Abende im Hause Carus mit Persönlichkeiten wie Felix Mendelssohn-Bartholdy und Franz Liszt bekannt machte.[51] In Leipzig lernte Müller auch Theodor Fontane kennen, mit dem er sein Leben lang befreundet blieb.

Max Müller verspürte schon früh den Wunsch, etwas zu erforschen, was bisher noch kaum erforscht worden war. Außerdem war er stets darum bemüht, aus der Masse hervorzustechen.[52] Für sein Abitur musste Müller nach Zerbst gehen, um ein Stipendium für die Universität Leipzig erhalten zu können. Nach erfolgreichem Abschluss der Schule, begann er mit 17 Jahren im Sommersemester 1841 sein Studium an der Universität Leipzig. Dort hörte er Vorlesungen von Professor Brockhaus, der seinerzeit den neu gegründeten Lehrstuhl für Sanskrit innehatte.

> „[...] Und ich sah den Aushang über die Vorlesungen von Professor Brockhaus über indische Literatur. Hier wurde plötzlich meine Neugierde geweckt. Ich hatte bereits einen kleinen Flirt mit dem Arabischen, aber jetzt verliebte ich mich ernsthaft in Sanskrit [...]."[53]

---

49 Chaudhuri, 2008:32
50 Schlender, 2000:15
51 Chaudhuri, 2008:35ff
52 Schlender, 2000:21f
53 Müller, 1982:3, zitiert nach Schlender, 2000:23

Somit wurde Max Müller einer der ersten Studenten des neu eingerichteten Faches Indologie. Damit befand sich Müller auf direktem Wege, etwas zu erforschen, was bisher wenig erforscht worden war. Zu dieser Zeit hatte man sich in Deutschland mit Indien weniger wissenschaftlich auseinander gesetzt, es herrschte vielmehr eine Art Traumbild von Indien als geheimes Paradies vor.[54]

1843 promovierte Müller im Alter von 20 Jahren, nach nur 18 Monaten Studium.[55] Danach ging er, ebenfalls mit Hilfe eines Stipendiums, nach Berlin, um dort bei Professor Bopp, dem Begründer der Indo-Germanistik, und Professor Schelling zu lernen. Zudem gab es in Berlin Sanskrit-Manuskripte, die ihn interessierten. Max Müller schien nach folgendem Motto zu leben: „Das Terrain wird stets dann sofort verlassen, wenn die Quelle zum Ursprung der Mythen des alten Indien versiegen."[56]

Professor Schelling war er schließlich auch bei einigen Übersetzungen der *Upanischaden* behilflich.[57] Nachdem sein Stipendium abgelaufen war, wurde ihm ein weiteres verweigert, was Müller in eine finanzielle Notlage brachte. Schließlich wurde er von einem Freund der Familie, Baron Hagedorn, nach Paris eingeladen, um dort bei ihm zu wohnen und sich seinen Sanskrit-Studien zu widmen. 1845 erreichte Müller Paris, wo jedoch sein Bekannter Hagedorn während Müllers gesamten Aufenthalts nicht ein einziges Mal erschien und Müller mit seinen finanziellen Nöten alleine ließ.[58] In Paris interessierten Müller die Vorlesungen von Professor Eugène Burnouf, sowie Sanskrit-Manuskripte, die sich in der *Bibliothèque Royale* befanden.[59] Um seinen finanziellen Schwierigkeiten zu begegnen, schrieb er für andere Wissenschaftler Sanskrit-Manuskripte ab.[60] Trotzdem war Paris für Müllers Leben eine Zeit, die er nicht missen wollte. Zum einen knüpfte er zum ersten Mal Kontakte zu Indern, so lernte er auch Dwarkanath Tagore kennen, dessen Enkel Rabindranath Tagore später den Nobelpreis für Literatur erhielt.[61] Zum anderen festigte sich dort, mit maßgeblicher Hilfe von Professor Burnouf, das Vorhaben, den *Rig-Veda*, zusammen mit dem Kommentar von Sayana aus dem 14. Jahrhundert, herauszugeben.[62] Vorher waren seine Pläne weniger zielgerichtet und ohne Struktur,[63] nun hatte er eine Aufgabe gefunden, der er sich die nächsten 25 Jahre seines Lebens widmen sollte. Burnouf gab ihm den Anstoß, indem

---

54 Schlender, 2000:23,27
55 Chaudhuri, 2008:40
56 Schlender, 2000:39
57 Chaudhuri, 2008:51
58 Mrs. Müller, 1902:31
59 Van den Bosch, 2002:29
60 Chaudhuri, 2008:55
61 Schlender, 2000:41f
62 Upadhyaya, In: Rau (Hrsg.), 1974:98
   Schlender spricht fälschlicherweise von der Übersetzung des *Rig-Veda*, es handelt sich jedoch um eine Edition, Müller (Hrsg.), 1966:vii
63 Chaudhuri, 20008:51

er sagte:

> „Entweder das eine oder das andere. Entweder studieren Sie indische Philosophie und beginnen mit den Upanischaden und Sankaras Kommentar, oder Sie studieren indische Religion und halten sich an den Riga-Veda, kopieren die Hymnen und Sayanas Kommentar und machen sich dadurch um uns alle sehr verdient."[64]

Durch die Herausgabe des *Rig-Veda* hoffte Müller, zu den frühen Stufen der menschlichen Entwicklung vorzudringen und zudem die Texte der breiten Masse der Hindus näher zu bringen, da die Hymnen bisher nur begrenzten Gruppen zugänglich waren. Außerdem wollte er die Texte davor schützen, in Vergessenheit zu geraten. Müller bezeichnete den *Rig-Veda* als eines der wichtigsten religiösen Dokumente der Menschheit.[65] Für die Arbeit an der Herausgabe reiste er nach London. Er war von einer kurzen Reise ausgegangen, um das dortige Material zu sichten, bald beschloss er jedoch ganz nach London zu ziehen.[66]

Müller versuchte, sich mit Privatstunden und dem Abschreiben von Texten für andere Wissenschaftler seinen Lebensunterhalt zu verdienen. Um sein Arbeitspensum schaffen zu können, sparte er Stunden, indem er sie von seinem Schlaf abzog.

> „My plan was as follows: to sit up the whole of one night, to take about three hours rest the next night, but without undressing, and then to take a good night´s rest the third night, and start over again."[67]

Als die Arbeit am *Rig-Veda* fortschritt, stellte sich die Frage, wer die Veröffentlichung übernehmen würde. Einige zeigten Interesse, so auch Otto Boehtlingk von der kaiserlichen Akademie von St. Petersburg. Dieser wollte den *Rig-Veda* jedoch unter seinem eigenen Namen veröffentlichen, Müllers Beihilfe sollte lediglich erwähnt werden. Müller lehnte den Vorschlag, auch auf den Rat von Professor Burnouf hin, ab. Dies brachte ihm die lebenslange Verärgerung Boehtlingks ein.[68] Die Begegnung mit einem alten Freund seines Vaters sorgte schließlich für die Veröffentlichung des *Rig-Veda*. Baron Christian Karl Josias von Bunsen hatte schon vor der Bekanntschaft mit Max Müller ein großes Interesse an Spiritualität. Aufgrund dessen unterstütze er Müller und konnte schließlich die *East India Company* als Herausgeber von Müllers Edition des *Rig-Veda* gewinnen. Aber auch in finanzieller Hinsicht konnte Müller mit Bunsens Hilfe rechnen.[69]

---

64 Chaudhuri, 2008:141
65 Van den Bosch, 2002:XVII
66 Chaudhuri, 2008:61ff
67 Rau, In: Rau (Hrsg.), 1974:2
68 Van den Bosch, 2002:34, vgl. Windisch, 1920:272
69 Chaudhuri, 2008:65

Die Finanzierung der Herausgabe durch die East India Company, die ihre Herrschaft vor der britischen Regierung rechtfertigen musste, glich einer „populistischen Geste [der East India Company], Aufgeschlossenheit und Zuwendung für die indische Kultur, Geschichte und Religion zu demonstrieren."[70] Der Druck begann 1847, zwei Jahre später, 1849, erschien der erste Band. In der Zwischenzeit war Müller 1848 nach Oxford umgezogen, da die *Rig-Veda*-Edition von der *Oxford University Press* gedruckt wurde und Müller den Druck beaufsichtigen wollte. Außerdem sah er sich in London zu vielen gesellschaftlichen Verpflichtungen ausgesetzt, die ihn zu sehr von seiner Arbeit ablenkten.[71] Professor Horace Hayman Wilson, Inhaber des Boden-Lehrstuhls für Sanskrit in Oxford, wurde von der East India Company beauftragt, Müllers Arbeit zu beaufsichtigen.[72]

Trotz seines wissenschaftlichen Erfolgs und seines Lebens in Oxford war Müller weiterhin an den Belangen Deutschlands interessiert und fühlte sich nach wie vor mit seinem Vaterland verbunden. Daran änderte sich im Laufe seines Lebens nichts. Zu bestimmten Zeitpunkten seines Lebens in Oxford spielte er sogar mit dem Gedanken, nach Deutschland zurückzukehren. Professor Wilson hinderte ihn jedoch am Gehen.[73]

Max Müller war kein Wissenschaftler, der sich in seinem Arbeitszimmer hinter seinen Büchern versteckte,[74] vielmehr hatte er großes Interesse an allen Geschehnissen um ihn herum. Er hatte zu allem eine Meinung und scheute sich nicht, diese auch öffentlich kundzutun.

> „Er sah es als seine Pflicht an, die Seite zu unterstützen, von der er meinte, dass sie im Recht war, und wenn er sich für eine Seite einsetzte, so zeigte er weder Furchtsamkeit noch Halbherzigkeit, obwohl es ihm als Protagonisten mehr als das übliche Maß an Beschimpfungen einbrachte."[75]

1850 wurde Müller stellvertretender Professor für moderne europäische Sprachen (*Taylorian Professor of Modern European Languages*), nachdem der eigentliche Inhaber des Lehrstuhls, Professor Trithen, psychisch erkrankte. Aufgrund der doppelten Arbeitsbelastung durch die Verpflichtungen des Lehrstuhls und seiner Arbeit am *Rig-Veda* wurde auch Müllers gesundheitlicher Zustand schlechter, so dass er sich einen Assistenten für seine *Rig-Veda*-Herausgabe anstellte, Dr. Theodor Aufrecht aus Berlin. Dieser half ihm beim zweiten und dritten

---

70 Schlender, 2002:47
71 Chaudhuri, 2008:72
72 Chaudhuri, 2008:112
73 Schlender, 2000:50ff
74 Voigt, 1967:2f
75 Chaudhuri, 2008:243

Band des *Rig-Veda*. Danach wurde er auf den Sanskrit-Lehrstuhl in Edinburgh berufen und verließ Müller. Auch Max Müller wurde dieser Lehrstuhl angeboten, er lehnte jedoch ab, weil er Oxford zu diesem Zeitpunkt nicht verlassen wollte.[76] Im November 1853 lernte er seine zukünftige Frau, Georgina Adelaide Riversdale Grenfell, kennen. Ihr Vater war gegen die Verbindung, da unklar war, was Müllers Zukunft nach Beendigung der Herausgabe des *Rig-Veda* finanziell für ihn bereit hielt. Nach drei Jahren erst durften die beiden am 3. August 1859 heiraten. In diesem Jahr erschien auch der zweite Band des *Rig-Veda*.

1854, nach Trithens Tod, wurde Max Müller Professor für moderne europäische Sprachen. Er beschäftigte sich mit der vergleichenden Sprachwissenschaft, um der Idee nachzugehen, dass sich die Sprachen und Völker Europas (indo-europäisch oder auch indo-arisch) aus einer gemeinsamen Ursprache und Urfamilie entwickelt haben. Da Sanskrit die älteste dieser Sprachen darstellt, hielt er es für lohnenswert und sogar sehr wichtig, sich mit dieser vertraut zu machen.[77] Er sah in der Untersuchung der Sprache eine Möglichkeit, um Zugang zu der Geschichte und dem Ursprung eines Volkes zu bekommen.

> „So dachte er, dass ein wissenschaftliches Studium der Sprache die Prähistorie des menschlichen Geistes zu offenbaren hilft und die geistigen Verwandtschaften zwischen verschiedenen menschlichen Gruppen verrät."[78]

Aus diesem Grund beschäftigte er sich auch mit der vergleichenden Religionswissenschaft, wird sogar als ihr Begründer bezeichnet, und der vergleichenden Mythenforschung.[79] Müller verwendete für die Benennung dieser Urfamilie den Begriff *Arier*; damit waren jedoch nicht die arischen Einwanderer gemeint, die im 2. Jahrtausend v. Chr. nach Indien kamen.[80]

1855 wurde Müller in die Prüfungskommission des Indian Civil Service gebeten und legte großen Wert auf Prüfungen in Sanskrit. In diesem Jahr erhielt er auch die britische Staatsbürgerschaft,[81] obwohl er sich als Ausländer nie ganz in England akzeptiert fühlte. So schrieb er in einem Brief an seine Mutter:

> „Mein Leben ist durchaus angenehm, und doch fühle ich, dass ich kaum dazugehöre; die Menschen hier sind zu höflich, um mich ganz heimisch

---
76 Van den Bosch, 2002:87
77 Voigt, 1967:5
78 Chaudhuri, 2008:89
79 Van den Bosch, 2002:109
80 Van den Bosch, 2002:204
81 Van den Bosch, 2002:57, Indian Civil Service unter Punkt 3.4

zu fühlen."[82]

Nach Professor Wilsons Tod 1860 hoffte Müller, die Nachfolge für den Boden-Lehrstuhl für Sanskritforschung zu übernehmen und bewarb sich für diese lukrative Stelle. Colonel J. Boden, 1811 verstorbener Mitarbeiter der East India Company, hatte den Lehrstuhl gegründet, da er der Ansicht war, dass „eine erweiterte und kritische Kenntnis von Sanskrit ein geeignetes Mittel sein wird, seine Landsleute in die Lage zu versetzen, die Bekehrung der Einheimischen in Indien zur christlichen Religion durch die Verbreitung der Heiligen Schriften unter ihnen voran zu treiben und dieser Weg wirkungsvoller als alle anderen Mittel sei."[83]
Es gab jedoch noch einen anderen Interessenten, Sir Monier-Williams. Es folgte ein langer und harter Wahlkampf um den unkündbaren Lehrstuhl, den Müller letztlich mit 610 zu 833 Stimmen verlor, obwohl er die geeignetere Person zu sein schien. Gründe hierfür mochten seine Herkunft sein sowie seine Kontakte zu liberal Denkenden.[84] Diese Niederlage war für Müller nur schwer zu verkraften, was in folgenden Sätzen deutlich wird:

> „Die Gegenpartei machte daraus eine politische und religiöse Frage, und dagegen konnte man nichts tun. Die besten Leute stimmten für mich, die Professoren fast einstimmig, aber das *vulgus profanum* ergab die Mehrheit."[85]

Generell gab es immer wieder Spannungen zwischen dem Liberalen Max Müller und den Orthodoxen in Oxford. Obwohl Müller diese Spannungen zu spüren bekam und sich auch sonst nie wirklich integriert in Oxford fühlte, ging er nicht nach Deutschland zurück. Er beschrieb dies unter anderem mit folgenden Worten:

> „The professors in Berlin are wretchedly paid... I am not rich here, but independent. I think I should have been in prison long ago had I stayed in Germany; here in England I can do what I will. People abuse me, but they cannot bite, and everybody barks at his own door."[86]

Dieses Jahr, in dem er für den Boden-Lehrstuhl abgelehnt wurde, hielt ein weiteres trauriges Ereignis für Max Müller bereit, den Tod seines Freundes Bunsen. Die Geburt seiner ersten Tochter im Dezember 1860 war dagegen ein Lichtblick. Seine zweite Tochter wurde zwei Jahre später

---

82 Chaudhuri, 2008:111
83 Chaudhuri, 2008:227
84 Chaudhuri, 2008:234
85 Chaudhuri, 2008:234
86 Brief an Müllers Mutter, zitiert nach Van den Bosch, 2002:98

geboren. In der Zwischenzeit hielt er Vorlesungen über Sprachwissenschaft in der *Royal Institution*, bis sogar Queen Victoria auf ihn aufmerksam wurde und ihn Ende des Jahres 1863 nach Windsor einlud. Zu Beginn des darauffolgenden Jahres hielt er Vorträge vor der königlichen Familie im Osborne Palast, welche großen Eindruck auf die Königin machten.

Da er die Stelle des Boden-Professors nicht bekommen hatte, war der Posten des stellvertretenden Bibliothekars der orientalischen Abteilung der *Bodleian Bibliothek*, für den er sich 1865 beworben hatte und angenommen wurde, ein kleiner Trost.[87] Er gab die Arbeit allerdings nach kurzer Zeit aufgrund von zu großer Arbeitsbelastung wieder auf. 1868 wurde ein Lehrstuhl für vergleichende Sprachwissenschaften eigens für Max Müller gegründet, ein Jahr nachdem sein Sohn auf die Welt kam. Die Tylorian-Professur wurde dafür abgeschafft und die neue Stelle etwas besser bezahlt. So wurde Max Müller entlastet und fand wieder mehr Zeit für seine Studien.

1874 erschien der sechste und letzte Band seiner Edition des *Rig-Veda* mit dem Kommentar von Sayana, nachdem er 25 Jahre lang daran gearbeitet hat. Müller schrieb über diesen Tag:

> „Als sich die letzte Zeile des Rig-Veda und Sayanas Kommentar geschrieben hatte und meine Feder niederlegte, war es mir, als würde ich von einem sehr, sehr alten Freund Abschied nehmen."[88]

Müller rechnete mit erheblicher Kritik, vor allem von indischer Seite, da der *Veda* in Indien bisher nur mündlich von Lehrer zu Schüler überliefert wurde. Er wusste nicht, wie die Reaktionen darauf ausfallen würden, dass ein Europäer diese heiligen Hymnen herausgab. Seine Arbeit wurde jedoch erstaunlich positiv aufgenommen, er erhielt Lob- und Dankesschreiben, sogar die heilige Schnur der Brahmanen wurde ihm aus Indien geschickt. Dies stellte für ihn eine große Ehre dar. Der bengalische Sanskritgelehrte Raja Radhakanta schrieb an Müller:

> „Mit Ihrer erfolgreichen Arbeit an einem so mühseligen Unterfangen haben Sie den Hindus einen unschätzbaren Dienst erwiesen, indem Sie ihnen eine korrekte und hervorragende Ausgabe ihrer heiligen Schrift übergaben."[89]

Es kam sogar so weit, dass indische Gelehrte ihre Manuskripte des *Veda* anhand Müllers Edition korrigierten, allerdings ohne diese mit den Händen zu berühren.[90] Da Müller sich Zeit seines Lebens für die Geschehnisse in Indien interessierte, nahm er auch Anteil an den hinduistischen

---

[87] Chaudhuri, 2008:235
[88] Chaudhuri, 2008:148
[89] Chaudhuri, 1974:263, zitiert nach Schlender, 2000:72
[90] Upadhyaya, In: Rau (Hrsg.), 1974:106

Reformbewegungen und sympathisierte mit den liberalen Köpfen dieser Bewegungen, da sie für ihn Fortschritt und Wandel symbolisierten. Die Nationalisten ihrerseits nahmen Müller zu ihrem Symbol der Inspiration, der Hoffnung und des Stolzes auf ihr Vaterland.[91] So hatte Müller auch regen Briefkontakt mit Keshub Chander Sen, dem damaligen Führer der Reformbewegung *Brahmo Samaj*. Die Bekanntschaft hielt ein Leben lang. Dies hieß jedoch nicht, dass Müller sich gegen die britische Kolonialherrschaft in Indien allgemein aussprach. Er sah sie sogar als Wohltat für Indien,[92] jedoch fand er auch gravierende Missstände in dieser und sprach sie offen an.

Sein größtes Anliegen war es, gegenseitiges Verständnis, Toleranz und Respekt zwischen England und Indien zu schaffen, was aufgrund der in England herrschenden Vorurteile bezüglich Indien nicht einfach war. Er sah den Hauptgrund für das schwierige Verhältnis zwischen Indien und England in der Unwissenheit der Engländer über Indien und seine Bevölkerung.[93]

Als seinem Konkurrenten um den Boden-Lehrstuhl die Ehrendoktorwürde der Universität verliehen wurde, war dies eine weitere Niederlage für Müller. Er fühlte, dass ihm als Ausländer deutscher Abstammung nicht getraut wurde und überlegte erneut, nach Deutschland zurückzukehren.[94] Er beschrieb seine Lage in einem Brief an einen Freund mit den Worten:

> „I doubt whether I ought to stay longer. I am only tolerated at Oxford, allowed to help when I am wanted, but never helped myself when I want help."[95]

Jedoch hatte Müller auch treue Freunde in Oxford, die ihm zur Seite standen und ihn letztlich dazu brachten zu bleiben.[96] Müller war sich der Unterstützung dieser seiner Freunde in weniger leichten Zeiten seines Lebens durchaus bewusst. Er schrieb darüber:

> „If my friends had been different from what they were, should I not have become a different man myself, whether for good or for evil?"[97]

1875 gab Müller seine Lehrverpflichtung auf, um sich ganz seinem neuen Projekt zu widmen, der Herausgabe der *Sacred books of the east*, einer 50-bändigen Sammlung religiöser Texte von verschiedenen Religionen. 31 Bände sollten allein indischen Texten vorbehalten sein. Müller wurde der Status des Professors Emeritus zuteil, der es ihm ermöglichte, in Oxford zu bleiben und zu

---

91 Voigt, 1967:41
92 Voigt, 1967:41
93 Mookerjee, In: Rau (Hrsg.), 1974:65
94 Van den Bosch, 2002:116
95 Brief an Dean Stanley, zitiert nach Van den Bosch, 2002:116
96 Van den Bosch, 2002:176
97 Van den Bosch, 2002:176

arbeiten, während ihm ein stellvertretender Professor zur Seite gestellt wurde.[98] Ursprünglich wollte Müller in die *Sacred books of the east* auch das *Neue Testament* und das *Alte Testament* integrieren, wogegen von orthodoxer Seite erhebliche Einsprüche erhoben wurden. Er gab dieses Vorhaben schließlich stillschweigend auf.[99] Sein Ziel war es, mit dieser Sammlung ein Grundwissen der einzelnen Religionen zu vermitteln, so dass diese Religionen dann im Dialog miteinander die gemeinsame Wurzel aller Religionen erkennen können, was schließlich zu der Entwicklung einer Religion der Menschheit führen sollte.[100]

> „These sacred books of the east will become in future the foundation of a short, but universal religion, they will remain the most instructive archives of the past, studied and consulted when thousands of books of the past are forgotten."[101]

1879 erschien der erste Band der *Sacred books of the east*. Gedruckt wurde er ebenfalls von der *Oxford University Press*. Im Mai 1882 wurde Max Müller gebeten, eine Vorlesungsreihe vor den Kandidaten des Indian Civil Service zu halten, die als Beamte des britischen Empire auf ihren Aufenthalt in Indien vorbereitet werden sollten. Nach der Krönung der Königin von England zur Kaiserin von Indien im Jahr 1877 gründete diese *The national anthem for India fund*, mit der Absicht, die britische Nationalhymne in die verschiedenen Landessprachen Indiens übersetzen zu lassen, um das Wissen über die Hymne auf dem indischen Subkontinent zu verbreiten.[102] Müller schickte eine Übersetzung der Hymne in Sanskrit an die Queen, welche diese freudig entgegen nahm und sie sogar zur Eröffnung der *Colonial and Indian Exhibition* 1886 vorsingen ließ.

1884 wollte Müller seine Ausgabe des *Rig-Veda* erneut drucken lassen, da alle Exemplare der ersten Auflage vergriffen waren. Der Maharaja von Vijayanagara, dem Geburtsort Sayanas, dessen Kommentar Müller zusammen mit dem *Rig-Veda* herausgegeben hatte, bot an, die Veröffentlichung zu finanzieren.[103] Die zweite Auflage erschien in vier Bänden zwischen 1890 und 1892.[104]

1892 wurde Müller zum Präsidenten des 9. *Internationalen Orientalistenkongresses* in London gewählt, 1896 erhielt er die Ehre, von der Queen persönlich, aufgrund seiner sprachwissenschaftlichen Leistungen für das Land und die Menschheit, in den *Privy Council* (Geheimer Kronrat) berufen zu werden.[105]

---

98 Chaudhuri, 2008:239
99 Das Gupta, In: Rau (Hrsg.), 1974:41
100 Van den Bosch, 2002:XIX
101 Brief an E. Renan, zitiert nach Van den Bosch, 2002:345
102 Mrs. Müller, 1902:123
103 Mrs. Müller, 1902:216
104 Windisch, 1920:274f
105 Chaudhuri, 2008:370

Am 28. Oktober 1900 starb der Vermittler zwischen Indien und England, Friedrich Max Müller, *moksha mula*[106] („Wurzel der Erlösung"), wie er sich selbst auf Sanskrit nannte, 77jährig in Oxford, ohne auch nur ein einziges Mal in Indien gewesen zu sein. Um ihn trauerte nicht nur seine Familie, sondern auch zahlreiche Kollegen, Bewunderer und sogar Kritiker. Viele von ihnen schrieben Müllers Frau Georgina nach Müllers Tod von ihren Begegnungen mit Müller.

Bereits kurz nach seinem Tod verblasste der Name und das Bild Max Müllers, so dass sich heutzutage in England und Deutschland fast niemand mehr an ihn erinnert. In der Wissenschaft gab es schnell neue Ansätze und Theorien. „Müllers langes Leben brachte es mit sich, dass er von einem Zeitalter des Wissens in ein anderes glitt."[107] Müller war sich der Kurzlebigkeit eines Wissenschaftlers durchaus bewusst, auch wenn er dies bedauerte.[108] Die Sanskritforschung befand sich zu diesem Zeitpunkt noch in den Kinderschuhen, er wusste, dass es immer neue Erkenntnisse geben würde, wenn man sich weiterhin damit beschäftigte. Er sagte dazu:

> „Scholars come and go and are forgotten, but the road, which they have opened, remains, other scholars follow in their footsteps, and though some of them retrace their steps, on the whole there is progress."[109]

Müller blickte auf ein erfülltes Leben mit Stolz zurück, wie er ein Jahr vor seinem Tod in einem Brief an seinen Sohn schrieb:

> „Ich bin bereit zu gehen, es wäre eigenartig, wenn es anders wäre, mit einem so langen Leben hinter mir, und das meiste davon religiösen und philosophischen Fragen gewidmet. Und nachdem ich dieses lange Leben gelebt habe, das so voller Licht war, durch alle Stürme und Kämpfe von so väterlicher Hand geleitete, warum sollte ich dann furchtsam sein, wenn ich den letzten Schritt tue? Meine Arbeit wird getan sein, und noch dazu sehe ich, dass sie von anderen weiter geführt wird, von stärkeren und jüngeren Menschen. Ich habe nie auf dem Marktplatz Hand angelegt, das habe ich gern anderen überlassen, aber ich habe einen Grundstein gelegt, der überdauern wird, und obwohl die Menschen die in einem Fluss versenkten Blöcke nicht sehen, so ruht auf diesen unsichtbaren Blöcken die Brücke. Ich kann nicht weiter arbeiten."[110]

---

106 Schlender, 2000:111, vgl. Rau, In: Rau (Hrsg.), 1974:15, Chaudhuri, 2008:144
107 Chaudhuri, 2008:207
108 Chaudhuri, 2008:207
109 Van den Bosch, 2002: XXIV
110 Chaudhuri, 2008:386

3.2 Die britische Kolonialherrschaft vom 17.-19. Jahrhundert

Max Müller lebte zur Zeit der britischen Kolonialherrschaft, die bereits im frühen 17. Jahrhundert, noch während der Mogulherrschaft auf dem indischen Subkontinent, ihre Anfang nahm. Die europäischen Mächte Portugal, die Niederlande, Frankreich und England zeigten Interesse an Indien. Sie erhofften sich profitablen Handel dort. Zu diesem Zwecke errichteten sie Handelsgesellschaften. So gründeten die Briten im Jahr 1600 ihre Handelsgesellschaft, die East India Company, mit Sitz in Bengalen, um mit in Indien produzierten Gütern Handel zu treiben. Durch geschickte Verhandlungen und diplomatische Beziehungen zu einheimischen Herrschern und Mitgliedern der höheren Bevölkerungsschichten sowie dem Eingreifen in Produktionsvorgänge, gelang es den Briten schnell, ihren Einfluss und ihre Macht in Indien auszubreiten und sich gegen die europäischen Konkurrenten durchzusetzen. Bis zu diesem Zeitpunkt wurden die europäischen Eindringlinge von Seiten der Mogulkaiser noch nicht als Bedrohung gesehen, sondern eher als unbedeutende „Randfiguren"[111] wahrgenommen. Gegen Ende des 18. Jahrhunderts jedoch wurde das Interesse an Indien zunehmend auch ein politisches, Landbesitz wurde wichtiger als der Handel.[112]

Die *Schlacht von Plassay* im Jahr 1757 markierte den Wendepunkt in der bisherigen Beziehung von Indien und England. In dieser Schlacht standen sich die Briten, unter Befehl von Robert Clive und der Nawab von Bengalen, gegenüber. Die Eroberung der wohlhabenden Provinz Bengalen war „entscheidend für die britische Herrschaft in Indien."[113] Durch eine Intrige gelang es Clive, diese Schlacht zu gewinnen, obwohl die Armee des Nawabs in der Überzahl war.[114] Mit diesem Sieg festigten die Briten ihre Herrschaft in Indien und übernahmen fortan auch Verwaltungsaufgaben. Indien wurde zu einer britischen Kolonie. Im Jahr 1813 wurde das Handelsmonopol der Briten in Indien abgeschafft, da es sich nicht mehr rentierte, 1833 wurde durch das britische Parlament beschlossen, dass die East India Company fortan nur noch die Herrschaftsfunktion zu erfüllen habe.[115]

Die Macht der britischen Handelsgesellschaft in Indien wurde mehrfach bedroht, unter anderem durch die große Hungersnot in Bengalen im Jahr 1770. Dennoch schaffte sie es, über ein Jahrhundert über Indien zu herrschen. 1858 sah sich die East India Company jedoch schließlich gezwungen, die Herrschaft über Indien der britischen Krone zu übergeben. Ausschlaggebend für den Untergang der East India Company war unter anderem der große *Sepoy*-Aufstand von 1857.

---
111 Kulke; Rothermund, 2006:285
112 Kulke; Rothermund, 2006:300
113 Stang, 2002:52
114 Kulke; Rothermund, 2006:289
115 Kulke; Rothermund, 2006:310

Anlass für diese Unruhe war die Verteilung von neuen, mit tierischen Fetten geschmierten Patronen unter den zum Großteil indischen Soldaten der britischen Armee in Indien. Sowohl Hindus als auch Moslems sahen darin einen Verstoß gegen ihre religiösen Reinheitsgebote, da man die Hülsen der Patronen vor Gebrauch mit den Zähnen abreißen musste. Als sie sich daraufhin weigerten, den Befehlen Folge zu leisten, wurden Gerichtsverfahren aufgrund von Befehlsverweigerung eingeleitet. Der Aufstand brach nur wenige Stunden später aus. Er blieb dabei nicht allein auf die Armee beschränkt, sondern schloss große Teile der indischen Bevölkerung mit ein.[116]

Nach den Ausschreitungen übernahm die britische Krone unter Königin Victoria die Herrschaft über Indien. 1877 ließ sich diese sogar zur Kaiserin von Indien krönen.[117]

3.3 Max Müllers Indienbild

Max Müller ist in Deutschland geboren und teilweise ausgebildet worden, verbrachte aber den größten Teil seines Lebens in England. Er war sozusagen selbst eine interkulturelle Person, da er die britische und die deutsche Kultur miteinander vereinbaren musste und sich zusätzlich noch für die indische Kultur einsetzte. Deutschland und England unterschieden sich in vielerlei Hinsicht, was die Vorstellungen, Meinungen und das Studium über Indien betraf. Zudem standen sich beide Länder auch in der Wissenschaft nicht freundschaftlich gegenüber, sondern befanden sich in einer Art Konkurrenzdenken.[118] Max Müller versuchte, beide Disziplinen und Kulturen miteinander zu verbinden und in seine Arbeit miteinzubeziehen.

Das deutsche Verhältnis zu Indien war „das Ergebnis einer Mischung aus emotionalem und intellektuellem, von der Romantik geschürtem Drang."[119] Die Kenntnis über Indien wurde als Bereicherung für die eigene Persönlichkeit angesehen, das indische Denken als etwas, was das eigene Denken ergänzen könnte.[120] Indien selbst wurde als Teil des deutschen Wesens betrachtet.[121] Es war Quelle poetischer und philosophischer Inspiration. So schrieb der deutsche Philosoph Georg Wilhelm Friedrich Hegel (1770-1831) in seiner *Philosophie der Geschichte*: „Indien war stets das Land phantasievoller Inspiration und erscheint uns heute noch wie eine Märchengegend, wie ein verzaubertes Land."[122] Dieses romantische Indienbild machte Ende des 19. Jahrhunderts dem Fach

---
116 Kulke, Rothermund, 2006:315ff
117 Kulke; Rothermund, 2006:318f
118 Chaudhuri, 2008:70
119 Chaudhuri, 2008:130
120 Chaudhuri, 2008:130
121 Chaudhuri, 2008:133
122 Chaudhuri, 2008:134

Indologie als „etablierte[r] akademische[r] Disziplin"¹²³ Platz. Man war nun auf der Suche nach noch unbekannten Entdeckungen.

Die britische Einstellung zu Indien war eine andere. In England herrschte nicht das romantisch geprägte Bild Indiens vor, sondern es wurde vielmehr an den praktischen Nutzen gedacht, den man aus der Beschäftigung mit diesem Land ziehen konnte. Als eine persönliche Bereicherung wurde es im Allgemeinen nicht wahrgenommen. Die indische Bevölkerung wurde als primitiv angesehen, im Sinne von „zurückgeblieben", „naiv" und „unkultiviert".¹²⁴ Indien war britischer Besitz, um den man sich zwar kümmern musste, den man aber nicht verstehen konnte und wollte.¹²⁵ Vielmehr hatte sich in England, vor allem nach dem Aufstand von 1857, ein Bild von Indien gefestigt, das die jungen britischen Beamten mit Verachtung und Überheblichkeit dorthin gehen ließ. Die Vorstellung, man habe es dort ausschließlich mit „Lügnern" und „Betrügern" zu tun, war vorherrschend.¹²⁶ Indien wurde von den Briten herabgesetzt, was unter anderem auch zur psychischen Absicherung ihrer Macht dienen sollte.¹²⁷ Müller sagte dazu in einer seiner Vorlesungen über Indien vor den Kandidaten des Indian Civil Service:

> „In France, Germany, and Italy, even in Denmark, Sweden, and Russia, there is a vague charm connected with the name of India. [...] A scholar who studies Sanskrit in Germany is supposed to be initiated in the deep and dark mysteries of ancient wisdom, and a man who has travelled in India, even if he has only discovered Calcutta, or Bombay, or Madras, is listened to like another Marco Polo. In England a student of Sanskrit is generally considered a bore, and an old Indian Civil Servant, if he begins to describe the marvels of Elephanta or the Tower of Silence, runs the risk of producing a count-out."¹²⁸

Max Müller sprach sich nicht gänzlich gegen die britische Kolonialherrschaft in Indien aus, er sah sie als etwas „historisch Gegebenes, als schicksalhaftes Ereignis der Geschichte."¹²⁹ Er betonte schließlich auch in seiner ersten Vorlesung in Cambridge, dass Indien viel von Europa lernen müsse. Die Besonderheit Max Müllers lag jedoch darin, zu betonen, dass Europa auch viel von Indien zu lernen habe. Diese Ansicht war in England hingegen nicht verbreitet. Müller machte es in dieser Situation zu seiner Aufgabe, die Notwendigkeit von gegenseitigem Respekt, Toleranz und Wissen zu unterstreichen. Er sah darin die einzige Möglichkeit für ein friedliches und produktives

---

123 Chaudhuri, 2008:134
124 Maletzke, 1996:17f
125 Chaudhuri, 2008:130
126 Müller, 2007:42, Chaudhuri, 2008:216
127 Lütt, 2006: 273f
128 Müller, 2007:19
129 Schlender, 2000:84

Miteinander.

Eines seiner Anliegen war das Erlernen der indischen Sprachen. Müller hielt dies für eine Notwendigkeit für die Verständigung zwischen den britischen Beamten und der indischen Bevölkerung, besonders nach dem Sepoy-Aufstand. Die Verfechtung der Regionalsprachen brachte den Orientalisten Müller in Diskussionen mit Lord Thomas Babington Macaulay, eine führende Persönlichkeit und angesehener Angestellter der East India Company. Er war ein vehementer Verfechter der englischen Sprache als Unterrichtssprache in Indien.[130] Macaulay sah die indischen Regionalsprachen und die indische Literatur, mit der sich zu beschäftigen Müller jedem ans Herz legte, als nicht wichtig und ebenso wenig lernenswert an.[131] Ein berühmter Satz von ihm diesbezüglich lautete: „There is more wisdom in five English books than in the whole literature of India."[132] Für Müller steckte die indische Kultur jedoch gerade in den alten Sankrit-Texten, allen voran dem *Veda*. So sagte er vor den Kandidaten des Indian Civil Service:

> „We are speaking of two different Indias. I'm thinking chiefly of India such as it was a thousand, two thousand, it may be three thousand years ago; they think of the India of today."[133]

Das alte Indien war für ihn das wahre und natürliche Indien. Durch das Studium des *Veda* lerne man die Reinheit der hinduistischen Kultur kennen. Diese heiligen Hymnen wären auch noch im heutigen Indien so präsent im Denken der Menschen, so Müller, dass jeder, der die Philosophie, die Religion oder die sozialen Umstände im heutigen Indien verstehen will, diese bis zu ihrem Ausgangspunkt zurückverfolgen müsse. Der *Veda* bilde den Ausgangspunkt dieser Wege.[134]

3.4 Max Müllers Vorlesungen vor den Kandidaten des Indian Civil Service in Cambridge

Im Jahr 1882 wurde Müller aufgrund seiner Indienkenntnisse gebeten, eine Vorlesungsreihe vor den Kandidaten des Indian Civil Service in Cambridge zu halten. Circa 1500 Kandidaten, im Alter zwischen 23 und 50 Jahren, befanden sich in einer zweijährigen Ausbildung, die sie auf ihren Aufenthalt in Indien vorbereiten sollte. Die Ausbildung beinhaltete Unterricht und Prüfungen in

---

130 Die Auseinandersetzungen zwischen Verfechtern der englischen Sprache und denjenigen, die sich für das Erlernen der indischen Sprachen einsetzten sind auch bekannt als *Orientalistendebatte*
131 Van den Bosch, 2002:57
132 Van den Bosch, 2002:57
133 Müller, 2007:21
134 Müller, 2007:122

Geografie, Geschichte, Recht und Wirtschaft Indiens, der jeweiligen regionalen Sprache, in deren Sprachgebiet sie später arbeiten sollten, sowie Sanskrit oder Arabisch. Mit einer abgeschlossenen Ausbildung wurde man zum *Deputy Commissioner* oder *District Magistrate* und bekam die Herrschaft über, je nach Provinz, ungefähr zwei Millionen Menschen.[135] Müller wollte mit seinen Vorlesungen dem in England vorherrschenden Indienbild entgegenwirken. Dabei ging es ihm nicht darum, Indien zu verherrlichen, jedoch war er gegen Verallgemeinerungen jeglicher Art, vor allem, wenn sich diese nur auf einzelne persönliche Erlebnisse stützten.[136]

> „Wenn ich jemand sagen höre, dass alle Inder Lügner seien, frage ich gewöhnlich, wie viele er kennen gelernt hat. Das Gleiche tue ich, wenn ich höre, dass alle Franzosen Affen genannt werden, alle Italiener Mörder, alle Deutschen ungewaschen, alle Russen Wilde oder auch England Perfide Albion."[137]

Müller selbst stützte sich hierbei auf Berichte von Leuten, die Indien bereist hatten und die über die indische Bevölkerung Positives zu berichten wussten.[138] Zudem lieferten auch Müllers persönliche Erfahrungen mit Indern, die er in Europa traf und mit denen er zum Teil auch eine lebenslange Freundschaft pflegte, ganz andere Erfahrungswerte. Zu diesen Persönlichkeiten gehörten unter anderem Swami Vivekananda, Keshub Chunder Sen und Dwarkanath Tagore. Müllers Haus war stets offen für Besucher aller Art und bot einen neutralen Ort, an dem vielseitige Debatten geführt werden konnten, wie zum Beispiel über Politik oder Literatur. Müller sah diese Gastfreundschaft ausländischen Besuchern gegenüber als seine moralische Verpflichtung an. So sagte er einmal über seine indischen Freunde:

> „I had had the good fortune of knowing a number of Indians in Europe and no doubt some of the best and most distinguished of the sons and daughters of India."[139]

Es war Müllers Anliegen, mit seinen Vorlesungen Vorurteile aus dem Weg zu räumen und darauf aufmerksam zu machen, wie destruktiv diese sein können. Zudem wollte er auf den Wert der indischen Kultur hinweisen, die für ihn hauptsächlich die Sanskrit-Literatur, vor allem aber der *Veda* beinhaltete.

---

135 Lütt, 2006: 270
136 Chaudhuri, 2008:309
137 Chaudhuri, 2008:309
138 Chaudhuri, 2008:311
139 Rau, In: Rau (Hrsg.), 1974:9

3.4.1. India - what can it teach us?

In seiner ersten Vorlesung vor den Kandidaten des Indian Civil Service wollte Müller dem Vorurteil begegnen, dass die zukünftigen britischen Beamten in Indien ein geistiges Exil zu erwarten hätten, abgeschottet vom Rest der Welt leben müssen und nichts haben würden, woran sie sich in ihrer Freizeit erfreuen können. Er wollte, dass die Civil Servants in der indischen Bevölkerung keine Gegner, sondern Partner sehen, in deren Land man sich wohlfühlen kann. Dies machte er deutlich mit seinem berühmten Äußerung:

> „If I were to look over the whole world to find out the country most richly endowed with all the wealth, power, and beauty, that nature can bestow- in some parts very paradise on earth- I should point to India. If I were asked under what sky the human mind has most full developed some of its choicest gifts, has most deeply pondered on the greatest problems of life, and has found solutions of some of them which well deserve the attention even of those who have studied Plato and Kant- I should point to India. And if I were to ask myself from what literature we, here in Europe, we who have been nurtured almost exclusively on the thoughts of Greeks and Romans, and of one Semitic race, the Jewish, may draw that corrective which is most wanted in order to make our inner life more perfect, more comprehensive, more universival, in fact more truly human, a life, not for this life only, but a transfigured and eternal life-again I should point to India."[140]

Es folgte eine Aufzählung der Bereiche, für die Indien eine Vielzahl von Entdeckungen, Möglichkeiten und Genüssen bereithalte, so zum Beispiel Geologie, Zoologie, Ethnologie, Sprachen, Religion, Jura oder Philosophie. Das Leben in Indien müsse keinesfalls weniger lebenswert und angenehm sein als Zuhause in England.

Des weiteren machte er darauf aufmerksam, dass Indien zur indo-europäischen Welt dazugehöre und somit auch seinen Platz in der Geschichte der Menschheit habe. Manche Schätze der Geschichte gäbe es sogar nirgendwo sonst als in Indien zu entdecken. Müller gab zu bedenken, wie wenig man über die Geschichte der Menschheit wisse, würde man sich allein auf die Geschichte der Griechen, Römer und Kelten beschränken und Indien dabei außer Acht lassen. Warum es wichtig sei, sich mit der Geschichte zu befassen, begründete er damit, dass jeder Mensch wissen sollte und wissen wollen sollte, woher er kommt und wie er zu dem wurde, was er heute ist. Dabei können spätere Generationen von den Entdeckungen der früheren lernen und profitieren.

---

140 Müller 2007:21

An späterer Stelle sprach er von der Vernetzung der Welt und gab als Beispiel die Einteilung der Uhr, die von den Babyloniern stammt, das Alphabet, welches man von den Römern kennt, die es wiederum von den Phönikern haben und diese von den Ägyptern und schließlich das Verhältnis von Silber und Gold, welches man von den Persern hat.

Er zeigte auf, dass Sanskrit die älteste Sprache der indo-europäischen Sprachfamilie ist, die sich später in sieben verschiedene Zweige aufgeteilt hat, und machte auf die Ähnlichkeiten und Unterschiede der einzelnen Sprachen aufmerksam. Da der gemeinsame „meeting-point"[141] schon sehr lange zurückliegt,[142] haben die einzelnen Sprachen seitdem viele Abwandlungen und Entwicklungen durchlaufen. Er legte das Studium des Sanskrit nahe, um mit dessen Hilfe diese Ähnlichkeiten und Unterschiede erklären zu können.

Die Erkenntnis über die gemeinsame Herkunft der Sprachen war zur Zeit von Müllers Vorlesungen noch nicht sehr alt und sorgte für Aufruhr. Sein ehemaliger Lehrer, Professor Bopp, wurde seinerzeit sogar belächelt, als er seine vergleichende Grammatik des Sanskrit, Zend, Griechischen, Lateinischen und Gothischen herausgab. Doch die Erkenntnis ließe, so Müller, die Welt näher zusammenrücken und Fremdes nicht mehr fremd erscheinen, da das Sprechen einer gemeinsamen Sprache die Menschen verbindet.[143] Er versuchte, das Interesse seiner Zuhörer zu wecken, indem er deutlich machte, dass es sprachwissenschaftlich noch so viele Entdeckungen zu machen gäbe. Für Müller gehörte ein gewisses Grundwissen über Indien zu einer guten liberalen und historischen Ausbildung.[144]

> „We all come from the East- all that we value most has come to us from the East, and in going to the East, not only those who have received a special Oriental training, but everybody who has enjoyed the advantages of a liberal, that is, of a truly historical education, ought to feel that he is going to his „old home", full of memories, if only he can read them."[145]

Abschließend gab er den Kandidaten noch mit auf den Weg, dass Indien viele Träume und ihre Verwirklichung bereit halte. Jedoch müsse man dafür bereit und offen sein. Indem man Indien und seiner Bevölkerung mit Offenheit und Neugierde begegne und nicht mit Abneigung und Skepsis, erkenne man die Chancen und die Bereicherungen, die daraus resultieren. Es wäre wie ein Treffen mit alten Familienangehörigen.

---

141 Müller, 2007:33
142 Sanskrit war bereits um 1500 v. Chr. eine ausgeprägte Sprache
143 Müller, 2007:34
144 Müller, 2007:36
145 Müller, 2007:37f

3.4.2 The truthful character of the Hindus

In der darauf folgenden Veranstaltung wollte Müller dem Vorurteil begegnen, dass es sich bei den Hindus[146] um eine minderwertige Rasse handele, die sowohl eine andere Moralvorstellung als auch eine andere Vorstellung von Wahrheit hätte. Er hielt dieses Vorurteil nicht nur für falsch, sondern auch für sehr entmutigend für die Civil Servants, die mit der Auffassung nach Indien gingen, dass sie nun 25 Jahre lang unter andersartigen Menschen leben müssen, die zu oft als Lügner dargestellt wurden, denen man nicht trauen kann, geschäftliche oder auch private Angelegenheiten betreffend.[147]

Allerdings sei es schwer, diesem Vorurteil entgegenzutreten, da sich die Anschuldigungen der Unaufrichtigkeit der Hindus aufgrund von Nicht-Wissen und Beeinflussung bereits verfestigt hätten. Generell sprach sich Müller gegen Verurteilungen und Verallgemeinerungen aus. Man könne nicht von einer Person auf eine ganze Nation schließen, vor allem, wenn es sich um eine derart große Nation wie Indien handele. Dies zeuge, seiner Meinung nach, von Arroganz und Unwissenheit. Diese Erkenntnis ließe sich auch auf alle anderen Nationen übertragen, es gäbe auch in anderen Ländern unaufrichtige Menschen- auch in England.

> „I can hardly think of anything that you could safely predicate of ALL inhabitants of India, and I confess to a little nervous tremor whenever I see a sentence beginning with „The people of India"..."[148]

Er betonte, dass es innerhalb der indischen Bevölkerung mehr Unterschiede gäbe, als zwischen Ländern des europäischen Kontinents, daher seien Verallgemeinerungen erst recht nicht der Wahrheit entsprechend.

Müller wollte kein idealisiertes Bild von Indien vermitteln. Vielmehr wollte er nur das, was er aus den Quellen der Literatur schöpfen konnte, kundtun. Diese Literatur bezog griechische und indische Texte mit ein sowie Berichte von Leuten, die lange Zeit in Indien gelebt hatten und deren Urteil Müller vertraute. So sagte zum Beispiel Müllers ehemaliger Lehrer, Professor Wilson, dass die wesentlichen Charaktereigenschaften der Hindus ihre Offenheit und ihre Einfachheit seien. Mit dem Beispiel von Wilson beabsichtigte Müller zu zeigen, dass durchaus ein intimes freundschaftliches Verhältnis zwischen Briten und Indern möglich sei, wenn nur beide Seiten aufeinander zugehen würden. Ein anderer Sanskrit-Professor sagte: „if only you look out for

---
146 Hindus hier als allgemeine Bezeichnung für die Einwohner Indiens
147 Müller, 2007:41f
148 Müller, 2007:43

friends among the Hindus, you will find them, and you may trust them."[149] Wer, so betonte Müller weiter, sei schon frei davon, eventuell von jemandem, dem er vertraute, enttäuscht zu werden? Dies könne überall mit jedem passieren und sei daher keine charakteristische Eigenschaft der Einwohner Indiens.

Müller gab unter anderem James Mill und seinem Buch *History of British India* die Schuld für das schlechte Bild der Hindus und riet dringend davon ab, es zu lesen, obwohl es für die Kandidaten des Indian Civil Service als Pflichtlektüre galt.[150] Laut Müller stützte Mill sich auf voreingenommene und unseriöse Quellen, aus denen er sich das Unvorteilhafteste heraussuchte und in generalisierter Form allen Hindus zuschrieb. Er bezeichnete sie als prozesssüchtig, unaufrichtig und nicht tugendhaft.

Demgegenüber empfahl Müller das Buch *Rambles and Recollectings of an Indian Official* von Colonel Sleeman, das 1844 erschien. Sleeman erhoffte sich, mit seinem Buch dazu beitragen zu können, dass die Hindus besser verstanden werden.[151] Müller vertraute Sleemans Urteil, da dieser selbst das wahre Indien gesehen habe, nämlich die indischen Dorfgemeinschaften. Das Dorfleben präge den indischen Charakter mehr als es in einem anderen Land der Fall sei.[152] Gerade aber vom Dorfleben wissen die Briten in Indien am wenigsten, da schon allein ihre Anwesenheit dafür sorge, dass die einheimischen Werte verschwinden bzw. in den Hintergrund treten.[153] Lügen oder stehlen sei unter den Mitgliedern eines Dorfes so gut wie unmöglich. Schon allein der Respekt vor dem Zorn der Dorfgottheit würde sie davon abhalten. Jedoch komme es auch auf die situativen Umstände an, ob etwas als wahr oder falsch angesehen werden kann.

Über den Charakter der Wahrheit sagte Müller, die vollkommene Wahrheit sei ein hohes, wenn nicht sogar das höchste Gut des Menschen. Es sei jedoch kaum einem Menschen auf Erden je gelungen, sein ganzes Leben lang nie auch nur eine einzige Lüge auszusprechen. Aus diesem Grund sollte man den Hindus das gleiche Recht einräumen, ohne sie sofort und in ihrer Gesamtheit als Lügner zu betiteln. Für die Aufrichtigkeit der Hindus führte Müller mehrere Belege an, so zum Beispiel die Berichte des Griechen Ktesias aus dem 4. Jahrhundert v. Chr. oder von Megasthenes im 3. Jahrhundert v. Chr. und Marco Polo im 13. Jahrhundert n. Chr. Müller ging darauf noch etwas ausführlicher ein. In all diesen Berichten werden die Aufrichtigkeit und die Werte der Hindus beschrieben.[154]

Warum aber wurden dann die Hindus in England in einem solch schlechten Licht dargestellt?

---

149 Müller, 2007:46
150 Müller, 2007:46f
151 Müller, 2007:46f
152 Müller, 2007:49
153 Müller, 2007:50
154 Müller, 2007:56

Müller erklärte es sich wie folgt: diejenigen, von denen die schlechten Meinungen und Berichte stammten, verbrachten ihre Zeit in Indien meist in den großen Städten und „such towns contain mostly the most unfavorable specimens of the Indian population."[155] Es sei kaum möglich gewesen, innerhalb der Städte Einblick in das Leben der angeseheneren Klassen zu bekommen und selbst wenn, blieben die unterschiedlichen Auffassungen vom respektablen und angemessenem Verhalten zwischen Briten und Indern bestehen.[156] Diese Unterschiede führten zu Missverständnissen. Als Außenstehender habe man kaum Gelegenheit, den wahren Charakter der Hindus kennenzulernen, so der ehemalige Indian Civil Servant Mountstuart Elphinstone, den Müller in seiner Vorlesung zitierte. Dies sei nur möglich, wenn man ihnen mit echtem persönlichen Interesse begegne. Das Problem sei, dass man alles, was man sieht und wahrnimmt, an den Maßstäben der eigenen Gesellschaft messen und beurteilen würde.[157]

Müller fand es erstaunlich, dass die öffentliche Meinung all diese positiven Berichte außer Acht ließ und sich zum größten Teil nur auf das Unvorteilhafte konzentrierte. Müllers eigene Erfahrungen mit Indern schilderte er als sehr positiv und respektvoll. Eigene Fehler wurden eingestanden und die Meinung anderer akzeptiert. Als weiteren Beweis für die Aufrichtigkeit der Hindus nannte Müller die Literatur der Hindus selbst. Diese sei voll von Ausdrücken für die Liebe und Verehrung der Wahrheit. So basiere zum Beispiel das ganze Epos *Ramayana* auf dem Einhalten eines Versprechens. Müller betonte, wie leicht es sei, sich der Meinung der Mehrheit anzuschließen, was wahr und nicht wahr sei. Doch wenn man umzingelt würde von Zweiflern, aber selbst im Herzen wisse, dass etwas wahr ist, dann sei dies die wirkliche Wahrheit.[158]

Ziel der Vorlesung sollte es jedoch nicht sein, so Müller, „to represent the people of India as two hundred and fiftythree millions of angels",[159] sondern aufzuzeigen, dass die Anschuldigungen gegen die Hindus, was ihre Aufrichtigkeit und ihr Verständnis von Wahrheit betrifft, falsch und unbegründet seien. Natürlich ließe sich auch in Indien Verdorbenes finden, aber wo, so betonte er nochmals, fände man das nicht? Und wichtig sei dabei zu beachten, dass man an den Maßstäben der eigenen Gesellschaft misst und urteilt. Daher sollte man mit Verurteilungen vorsichtiger und weniger voreilig sein.[160]

---

155 Müller, 2007:58
156 Müller, 2007:58
157 Müller, 2007:59
158 Müller, 2007:61
159 Müller, 2007:66
160 Müller, 2007:69

„Certainly I can imagine nothing more mischievous, more dangerous, more fatal to the permanence of English rule in India, than for the young civil servants to go to that country with the idea that it is a sink of moral depravity, an ant´s nest of lies. For no one is so sure to go wrong, whether in public or in private life, as he who says in his haste: „All men are liars"."[161]

3.4.3 Human interest of Sanskrit literature

In seiner dritten Vorlesung ging es Müller darum, dem Vorurteil zu begegnen, die klassische Sanskrit-Literatur würde nichts von Nutzen oder größerer Bedeutung enthalten. Es würde ausreichen, wenn man sich in den jeweiligen Landessprachen ausdrücken könne und es sogar eher kontraproduktiv sei, sich während seines Aufenthaltes in Indien mit wissenschaftlichen Fragen auseinanderzusetzen. Müller war gegenteiliger Meinung. Er riet jedem, der vorhatte nach Indien zu gehen und sich dort auch wohlfühlen wollte, Sanskrit zu lernen. Natürlich könne man dem entgegnen, Sanskrit sei eine tote Sprache, die einem in der heutigen Zeit nicht mehr von Nutzen sein kann, da sie seit dem 3. Jahrhundert n. Chr. von der Mehrheit der indischen Bevölkerung nicht mehr aktiv gesprochen wird. Jedoch, so betonte Müller, sei sie die einzige Sprache, die im ganzen Land bekannt sei und auch verstanden werde. So wurden zum Beispiel in den letzten 2000 Jahren amtliche Angelegenheiten weiterhin auf Sanskrit verfasst und auch die Literatur habe nie aufgehört, sich des Sanskrit zu bedienen. Sogar heute noch, nach zahlreichen Einwanderungen und Eroberungen auf dem indischen Subkontinent, sei Sanskrit dort weiter verbreitet und verstanden, als Latein in Europa zu Zeiten Dantes.[162] Es gäbe sogar zahlreiche Zeitungen in Indien, die zu Teilen oder auch ganz auf Sanskrit publizieren, so etwa *The Pandit* in Benares und *Vidyodaya* in Kalkutta. Zudem zeugen die noch heute ausgeführten Rezitationen des *Ramayana* und des *Mahabharata* in indischen Tempeln von der Kenntnis des Sanskrit in der heutigen Zeit. Es gäbe immer noch viele Brahmanen, die den gesamten *Veda* auswendig rezitieren können, noch dazu auch viele andere Texte.

Des weiteren, so Müller, hätten die Regionalsprachen „their very life and soul from Sanskrit."[163] Für das Erlernen dieser Sprachen könne eine gewisse Kenntnis des Sanskrit also nur von Vorteil sein. Es lasse sich sogar ein großer Unterschied in der Beherrschung der Regionalsprachen zwischen denen ausmachen, die Sanskrit können und denen, die es nicht können.

---

161 Müller, 2007:69
162 Müller, 2007:75
163 Müller, 2007:77

Warum aber wurde die Sanskrit-Literatur als unnütz betrachtet? Von einigen wurde sogar behauptet, sie hätte nie etwas Nützliches beinhaltet, sondern sei nur das Werk einer Gruppe von Gelehrten und würde nichts über das Denken der Hindus verraten. Auch fehle der Bezug zu aktuellen Ereignissen. Müller gab zu bedenken, dass es sich bei der Sanskrit-Literatur um Texte handele, die in einem Zeitraum von insgesamt 2400 Jahren entstanden sind und daher eine allgemeine Aussage darüber schwer zu treffen sei. Auch wenn die Literatur nicht für alle Bevölkerungsteile gleichermaßen zugänglich war, waren sie im alltäglichen Leben dennoch präsent. Die Literatur, die große Verbreitung unter der indischen Bevölkerung gefunden haben, seien in der Tat die neueren Texte. Müller teilte die indische Literatur in zwei Teile: alles, was der „turanian invasion",[164] also die Invasion der Nomadenstämme vom 1. Jahrhundert. v. Chr. bis zum 3. Jahrhundert. n. Chr. vorausgegangen ist,[165] und die Zeit danach.

Doch trotz des großen Interesses an der modernen indischen Literatur, wurde ihr nie ein Platz auf der Liste der Weltliteratur zugestanden.[166] An dieser Stelle machte Müller wieder darauf aufmerksam, dass man anhand der Sanskrit-Literatur Wissen über die Geschichte der Menschheit erlange. Warum, so fragte er, wurde die Literatur der alten Römer und Griechen nicht so abgewertet, wie es bei der Sanskrit-Literatur der Fall war? Wieso versuchte man nicht auch aus ihr Schätze und Entdeckungen zu ziehen, wie aus der Literatur anderer Länder auch?

Was man außerdem von den Hindus und ihrer Literatur lernen könne, sei der Sinn für Ruhe und Meditation, wofür es im westlichen Alltag kaum Zeit gäbe, da es fast ausschließlich um Arbeit, Produzieren und Aufwärtsstreben geht. Müller sagte dazu:

> „We point to the marvels of what we call civilization-our splendid cities, our high-roads and bridges, our ships, our railways, our telegraphs, our electric light, our pictures, our statues, our music, our theatres. We imagine we have made life on earth quite perfect-in some cases so perfect that we are almost sorry to leave it again. But the lesson which the Brahmans and Buddhists are never tired of teaching is that life is but a journey from one village to another, and not a resting-place."[167]

Anstatt andere Perspektiven voreilig zu verurteilen, sei es empfehlenswert zu überdenken, ob diese Sichtweise tatsächlich so falsch und die eigene tatsächlich so richtig ist. Die höchste Weisheit Indiens sei: „to know our Self."[168] Müller erläuterte weiter, dass wenn man ihn bitten würde, den

---

164 Müller, 2007:79
165 Vedische Literatur, buddhistische Literatur
166 Müller, 2007:84
167 Müller, 2007:87
168 Müller, 2007:91

indischen Charakter mit nur einem Wort zu beschreiben, würde er das Wort „transcendent"[169] wählen. Diese Seite, die sich mit Fragen beschäftigt, auf die es keine logischen und klaren Antworten gibt, habe jeder Mensch in sich. Müller nannte es „transcendental aspirations",[170] auch wenn es eventuell unter einem anderen Namen bekannt sei, nämlich Religion.[171] Diese Seite sei in Indien ausgeprägter, Religion war das allumfassende Element im alten Indien. Jedoch war diese Religion nicht irrational, sondern vielmehr bestand der Hauptteil des *Veda* aus Naturbeschreibungen. Es wird über Entdeckungen und Entwicklungen der Menschheit berichtet, von Vorstellungen und Ideen, die, obwohl sie modern erscheinen, bereits vor 3000 Jahren entstanden sind und durch den *Veda* zugänglich gemacht wurden.

Es sei bemerkenswert, sagte Müller gegen Ende der Veranstaltung, dass diese Art des Studierens so strikt abgelehnt werde und Ausreden erfunden werden, um Sanskrit nicht lernen zu müssen. Dabei gäbe gerade der *Veda* Auskunft über die frühe Geschichte der Menschheit, über die vorher nichts bekannt war. Müllers Antwort darauf lautete: „there is no literary relic more full of lessons [...] than the Rig-Veda."[172]

3.4.4 Objections

Die nächste Vorlesung vor den Kandidaten des Indian Civil Service begann Max Müller mit folgenden Worten:

> „I feel that I cannot escape from devoting the whole of a lecture to the answering of certain objections which have been raised against the views which I have put forward with regard to the character and the historical importance of Vedic literature."[173]

Dabei sei jedoch zu beachten, dass es sich bei der Beschäftigung mit der vedischen Literatur um ein noch sehr junges Thema handele, einen Bereich, der noch nicht viele fähige Wissenschaftler und somit auch noch keine würdigen Kritiker hervorgebracht habe. Fehler seien daher unvermeidbar, aber auch wichtig für die Weiterentwicklung des Fachbereichs.[174]

Obwohl in der bisherigen Kritik an der indischen Literatur viel Unnötiges und Absurdes enthalten

---

169 Müller, 2007:91
170 Müller, 2007:92
171 Müller betonte dabei die Unterscheidung zwischen *der* Religion und *einer* Religion; Müller, 2007:92
172 Müller, 2007:97
173 Müller, 2007:103
174 Müller, 2007:103

sei, gäbe es jedoch auch Einwände, auf die einzugehen lohnenswert wäre. Wenn man diese Einwände aus dem Weg räumen könne, käme man dadurch der Festigung der Wahrheit ein Stück näher. Nirgendwo würde dieses Prinzip, in Indien *purvapaksha* genannt, so stark angewandt wie in der indischen Literatur. *Purvapaksha* bedeutet, dass zunächst alle Einwände geäußert werden. Anschließend werden in einem zweiten Schritt alle Argumente, die gegen die Einwände sprechen, hervorgebracht. Wenn dieser Prozess abgeschlossen ist, nennt man dies *siddhanta,* was bedeutet, dass die Meinung als gefestigt angesehen werden darf.[175]

Einer der Einwände gegen die Beschäftigung mit dem *Veda* war, dass er von einer Minderheit von Brahmanen verfasst wurde und daher nicht charakteristisch sei für das Leben der Hindus im Allgemeinen. Diese Kritik, so konterte Müller, müsse dann jedoch auch gleichermaßen für das *Alte Testament* gelten, welches Geschichten enthält, die nicht die ganze Bevölkerung betreffen. Im Übrigen sei es auch gar nicht möglich, jede einzelne Person eines Volkes miteinzubeziehen, dies sei jedoch in der Literatur eines jeden Landes der Fall, nicht nur in Indien.

> „What we call history- the memory of the past- has always been the work of minorities."[176]

Ein weiterer Einwand, auf den Müller einging, war die Behauptung, der *Veda* wäre unter ausländischer Beeinflussung entstanden. Die Sanskrit-Gelehrten jedoch, so Müller, betonen, die vedische Literatur sei ohne äußere Einflüsse entstanden und daher Zeugnis früherer Entwicklungen, die man in keinem anderen Land finden könne. Es kam die Behauptung von babylonischem Einfluss auf, da man angeblich eine babylonische Gewichtseinheit in den vedischen Texten gefunden habe. Dem widersprach Müller. So auch der Behauptung, die 27 Konstellationen (*Nakshatras*) des lunaren Tierkreises wären dem babylonischen System entnommen. Im alten Indien richtete man sich nach dem Mond, nicht nach der Sonne, wie in Babylon. Zudem haben die Araber zum Beispiel 28 lunare Einteilungen, die Chinesen erst 24, später auch 28. Müller ging an dieser Stelle noch näher auf dieses Thema ein. Man dürfe nicht vergessen, so Müller, dass das, was an einem Ort natürlich ist und als hilfreich entdeckt wurde, auch an einem anderen Ort genauso entdeckt und gebraucht werden könne, ohne dass es sich dabei gleich um gegenseitige Beeinflussung handeln müsse.[177]

Der nächste Einwand betraf das Thema der großen Flut, von der behauptet wurde, es stünde nichts davon in den Texten der früheren vedischen Literatur, sondern Erwähnungen einer solchen Flut kamen erst später hinzu, was wiederum auf Einfluss von außen hindeuten sollte. Jüngere

---

175 Müller, 2007:104
176 Müller, 2007:108
177 Müller, 2007:110ff

Entdeckungen jedoch zeigten auf, dass bereits in der *Brahmana*-Zeit des *Veda* eine Flut erwähnt wurde. Später wurde diese unter anderem ausgedrückt durch die drei *Avataras* des Gottes *Vishnu*, die in Verbindung mit dem Wasser gebracht werden können, der Fisch (*matsya*), die Schildkröte (*kurma*) und der Eber (*varaha*). Es handele sich hierbei wahrscheinlich, wie in anderen Ländern auch, um die Beschreibung des Monsunregens, so wie im *Veda* auch andere Naturereignisse oder tägliche Prozesse beschrieben wurden.

3.4.5 The lessons of the Veda

Max Müller betonte zu Beginn seiner fünften Veranstaltung erneut, wie wichtig es auch für das Verständnis des modernen Indiens sei, über Kenntnisse des *Veda* zu verfügen. Es wäre zwar offensichtlich, dass der *Veda* nicht das heutige Leben in Indien widerspiegele, natürlich habe sich in den vergangenen 3000 Jahren ein Wandel vollzogen; will man jedoch die heutigen Meinungen über Religion, Philosophie und andere Bereiche des Lebens verstehen, so sollte man ihre Entwicklung zurückverfolgen.[178]

Zu der Zeit, als Max Müller seine Edition des *Rig-Veda* bearbeitete und herausgab, wurde die Kritik laut, der *Veda* sei nutzlos, man solle sich stattdessen mit den späteren Texten wie den Epen, dem Buch des Manu oder den *Puranas*, beschäftigen. Doch in all diesen Texten, so Müller, werde der *Veda* als die höchste Autorität betitelt.[179] Solche Aussagen seien genauso falsch wie die, dass die Brahmanen den *Veda* nur für sich behalten wollten, wo sie im Gegenteil bemüht waren, das Wissen über den *Veda* allen Kasten, außer den Shudras, zugänglich zu machen. Die heutige Beschäftigung mit den Themen des *Veda* zeige, dass es sich dabei immer noch um einen wichtigen Bestandteil des täglichen Lebens handele und man sich vor allem als Sanskrit-Gelehrter damit beschäftigen sollte, sofern man sich auf seinem Wissenschaftsgebiet auskennen möchte.

Nach dieser kurzen Einführung lenkte Müller zur Religion des *Veda* um. Diese sei, so sagte er, nur schwer dem *Polytheismus* bzw. dem *Monotheismus* zuzuordnen. Monotheismus würde als Bezeichnung wegfallen, obwohl in einigen Texten von der göttlichen Einheit die Rede ist. Solche Textstellen seien jedoch eher selten neben den unzähligen Stellen, die eine Vielzahl von Göttern zum Inhalt haben. Polytheismus scheine also auf den ersten Blick der angemessenere Begriff zu sein,[180] hingegen passe auch diese Bezeichnung mit der heute erlangten Bedeutung nicht für die

---

178 Müller, 2007:122
179 Müller, 2007:123
180 Müller, 2007:124

Religion des *Veda*, da es kein hierarchisches System der Götter gäbe, sondern die Götter vielmehr nebeneinander verehrt würden.[181] Müller meinte daraufhin:

> „I proposed for it the name of Kathenotheism, that is, a worship of one god after another, or of Henotheism, the worship of single gods."[182]

Die letztere Bezeichnung, *Henotheismus*, fand allgemein mehr Anklang, da dadurch die Abgrenzung bzw. Unterscheidung zum Monotheismus deutlicher wurde.

Eine Einteilung der vedischen Götter hatte bereits Yaksha vorgenommen. Er unterteilte sie in drei Sphären: die Erde (terrestrial), die Luft (aërial) und den Himmel (celestial). Diese Einteilung, so sagte er jedoch, müsse nicht auf alle Götter zutreffen.[183] Wie auch in anderen Ländern erscheinen Himmel und Erde als göttliches Paar, sie werden sowohl als Einheit als auch als getrennte Wesen verehrt. Die Trennung der beiden kann nur durch die tapfersten Götter erfolgen, oft wird diese Aufgabe dem Feuergott *Agni* zugesprochen.[184] Doch da die Dichter und Poeten des alten Indien Himmel und Erde nie in ihrer Ganzheit sahen, nahmen sie an, dass es zwischen Himmel und Erde noch etwas geben müsse, was von ihnen geschaffen wurde. So kam es, dass Himmel und Erde allgemein zu Vater und Mutter wurden.[185] Als sich später aber dann die Frage stellte, wer denn Himmel und Erde geschaffen habe, wurde dies dem Gott *Indra* zugeschrieben, obwohl dieser zugleich deren Sohn war. Nach und nach wurden für die Erschaffung der Erde und des Himmels verschiedenen Gottheiten verantwortlich gemacht.

Bemerkenswert sei außerdem, so Müller, dass die Hymnen des *Veda* genaue geografische Angaben, zum Beispiel Flüsse betreffend, beinhalten, ohne dass es zu dieser Zeit so etwas wie Landkarten gab, die einem bei der Verortung behilflich sein konnten.[186] Die vedischen Namen der Flüsse wurden sogar besser übertragen als Namen von Städten und wurden teilweise von Leuten überliefert, die des Sanskrit nicht mächtig waren. Daher sei hier eine Verfälschung ausgeschlossen. Dies zeige nicht nur, über welch gutes und großes geografisches Wissen die Dichter und Poeten des alten Indien verfügt haben müssen, sondern lege auch Zeugnis darüber ab, dass tatsächlich Menschen diese Flüsse in jener Zeit gesehen haben.[187] Sie haben erkannt, dass es zwischen Himmel und Erde noch etwas geben muss und haben versucht, dieses zu erfassen und zu benennen. Sie haben versucht aus *der* Religion *eine* Religion zu machen.

---

181 Müller, 2007:125
182 Müller, 2007:125
183 Müller, 2007:126
184 Müller, 2007:131f
185 Müller, 2007:134
186 Müller, 2007:139
187 Müller, 2007:142

3.4.6 Vedic deities

Aufbauend auf die vorangegangene, führte Müller in die sechste Vorlesung mit der Einteilung der Götter in terrestrial, aërial und celestial ein und begann mit der Vorstellung der terrestrialen Götter. Dazu führte Müller zu Beginn die Beschreibung des Feuers (*Agni*) im *Veda* an, wie es auf die Erde kam und wie man es sich zu eigen machte. Eine Vielzahl unterschiedlicher Legenden und Theorien beschreiben dies. Durch das, was das Feuer ermöglichte, wurde es schnell zu etwas Göttlichem, Höherem und mit der Zeit zu einem höchsten Gott, zum Vater von Himmel und Erde und zum Schöpfer all dessen, was auf Erden wandelt. Es handelte sich also um Naturbeschreibungen, die der Mensch damals noch nicht ergründen, sondern nur vermuten konnte. Deshalb wurde dieses Ereignis einem übernatürlichen Agenten zugeschrieben. Die Religion entstand dadurch, dass die verschiedenen Mächte der Natur unterschiedlichen Göttern zugeordnet wurden, auf deren Ordnung und Weisheit man vertraute.[188]

Müller fuhr mit den aërialen Göttern fort. Meteorologische Ereignisse, wie Blitz, Donner und Regen wurden dem Gott *Indra* zugeschrieben, dem Herrn der Welt.[189] Zu späterer Zeit wurde seine Verbindung zu diesen Ereignissen in den Hintergrund gedrängt. *Indra* wurde zu einer Art spirituellem Gott, der mit keinem anderen Gott zu vergleichen war und die Menschen inspirierte.[190] Die Idee von *Indra* muss, so Müller, nach der Teilung der arischen Familie entstanden sein. Ein Gott, dessen „Aufgabenbereich" sich mit dem *Indras* teilweise überschnitt und auch vor diesem bekannt gewesen sein musste, ist *Parganya*, dessen Name ursprünglich „Wolke" bedeutete. Über ihn herrscht Uneinigkeit, manche setzen ihn mit *Indra* gleich, manche mit dem Himmel und wieder andere mit dem Wind oder mit dem, der Regen gibt. Müller betonte in diesem Zusammenhang, dass es heute auch kaum möglich sei, immer eine exakte, abgrenzbare Benennung und Übersetzung für die alten Begriffe zu finden. Vielmehr müsse man lernen, mit dem Denken im alten Indien zurechtzukommen, in dem sich Bezeichnungen entwickelten und veränderten. Müller ging an dieser Stelle noch ausführlicher auf die sprachwissenschaftliche Entwicklung der Namen ein.[191]

Der Wind war das Werk des Gottes *Vata* oder *Vayu*. Die Sturmgötter hießen *Maruts*, sie wurden auch als die Gefährten *Indras* angesehen, da sie für die Art von heftigen Stürmen standen, bei denen sich der Himmel verdunkelte. Zu den Sturmgöttern gehörte auch *Rudra*. Er sorgte für Unwetter und Regengüsse nach einer langen Trockenzeit.

Müller meinte, die vedischen Hymnen seien vielleicht nicht die poetischsten, jedoch vermitteln sie

---
188 Müller, 2007:150
189 Müller, 2007:150
190 Müller, 2007:152
191 Müller, 2007:153ff

realistische Bilder der Ereignisse, die sie beschreiben. Zudem beinhalten sie moralische Vorstellungen und Empfindungen. Unsereins würde so etwas derart vielleicht gar nicht mehr zustanden bringen können.[192]

Dies ließ Müller zu der nächsten und letzten Gruppe der Götter kommen, den celestialen Göttern. Sie waren nicht so präsent im Denken der Menschen wie die anderen beiden Gruppen. Daher waren sie umso mysteriöser. Zu den celestialen Göttern zählte *Dyaus*, der Himmel. Dieser wurde schon vor der Teilung der arischen Familie entweder in Verbindung mit der Erde oder auch alleine verehrt. Später wurde er jedoch mehr oder weniger durch den Gott *Indra* ersetzt.

Ein weiterer Gott war *Varuna*, auch *Aditya* oder Sohn der *Aditi* genannt. *Aditi* war die Bezeichnung für „Beyond", das, was jenseits von Himmel und Erde ist.[193] Häufiger als von *Aditi* hört man jedoch von den *Aditya*, den Söhnen der *Aditi*. Einer dieser Söhne war *Varuna*. Zudem gab es noch *Mitra* und *Aryaman*, welche jedoch eher abstrakten Charakter hatten. Wenn *Varuna* mit *Mitra* zusammen verehrt wurde, so als die Dualität von Tag und Nacht. Tag und Nacht wurden auch oft durch die *Ashvins*, die Pferdemänner, dargestellt.[194] Die Göttin der Morgenröte wurde *Usha* genannt, die Sonne hatte verschiedene Namen, von *Surya* über *Savitri* bis zu *Pushan*. Max Müller äußerte sich bezüglich der Götter:

> „.....every act of nature, whether on the earth or in the air on in the highest heaven, [...] ascribed to their agency. When we say *it* thunders, they said Indra thunders; when we say, *it* rains, they said Parganya pours out his buckets; when we say, *it* dawns, they said the beautiful Usha appears like a dancer, displaying her splendor; when we say, *it* grows dark, they said Surya unharnesses his steeds. The whole of nature was alive to the poets of the Veda, the presence of the gods was felt everywhere..."[195]

---

192 Müller, 2007:156
193 Müller, 2007:162
194 Müller, 2007:162
195 Müller, 2007:163f

3.4.7 Veda and Vedanta

Die letzte seiner Vorlesungen in Cambridge vor den Kandidaten des Indian Civil Service widmete Müller dem *Veda* und dem *Vedanta*, dem Ende des *Veda*. Bevor er dies jedoch tat, ging er auf die Frage ein, wie die vedische Literatur, die bereits um 1500 v. Chr. verfasst wurde, erhalten bleiben konnte, wenn die Schrift in Indien erst um ca. 500 v. Chr. bekannt wurde. Bei der Beantwortung leitete Müller die zwei Fragen, die sich der deutsche Gelehrte Frederick August Wolf bezüglich der griechischen Literatur stellte, auf Indien ab. Diese lauteten sodann: Zu welcher Zeit haben die Menschen in Indien Bekanntschaft mit einem Alphabet gemacht? Und zu welcher Zeit nutzten sie dieses Alphabet erstmals für literarische Zwecke?[196] Die ersten Schriftzeugnisse in Indien, die entschlüsselt werden konnten, waren die buddhistischen Inschriften von Kaiser Ashoka Mitte des 3. Jahrhundert v. Chr. Diese Inschriften waren jedoch nicht in Sanskrit verfasst, sondern in den regionalen Dialekten. Dies bedeutet, dass das Sanskrit des *Veda* zu diesem Zeitpunkt bereits nicht mehr als gesprochene Sprache verbreitet war. Wie wurde dann aber der *Veda* über einen Zeitraum von 3000 Jahren überliefert, da um 1500 n. Chr. das erste Sanskrit-Manuskript (MSS) gefunden wurde, welches nicht ausschließlich Lehrern oder Gelehrten vorbehalten war? Die Antwort darauf war ganz einfach: allein durch das Gedächtnis. Der *Veda* wurden mündlich von Lehrer zu Schüler überliefert. Da dies als heilige Pflicht galt, erforderte es von den Schülern ein langes Studium und Disziplin, da sie die Hymnen auswendig lernen mussten. Aus diesem Grund wohnte der Schüler während dieser Zeit bis zu acht Jahren bei seinem Lehrer.[197] Dem Schüler war es nicht gestattet, Manuskripte zur Hand zu nehmen, von ihm wurde erwartet, dass er die Hymnen ohne Hilfsmittel lernte. Müller zweifelte jedoch daran, dass sich diese Tradition noch lange aufrecht erhalten werde und empfahl daher seinen Zuhörern, während ihres Aufenthalts in Indien noch soviel wie möglich von diesen „living libraries"[198] zu lernen.

Nachdem nun diese Frage beantwortet war, befasste Müller sich im zweiten Teil der Vorlesung nochmals mit der Götterwelt, um daran mit den Vorstellungen des „Beyond" anzuknüpfen. Neben dem Jenseitigen, mit dem die vedischen Götter gemeint waren, gab es noch die Vorstellung eines anderen „Beyond", wo die Verstorbenen nach dem Tod hingelangen, dort weiterexistieren und somit auch weiterhin eine gewisse Macht besitzen. Früher war der Wille des Vaters als Familienoberhaupt Gesetz. Und auch nach seinem Tod besaß er weiterhin Autorität. Daraus

---
196 Müller, 2007:170
197 Müller, 2007:172f
198 Müller, 2007:173

entwickelte sich ein weiteres religiöses Konzept, namens *Manes* („the kind ones").[199] Nirgendwo wurden die Vorväter, auch *pitris* genannt, mehr verehrt als in Indien. Sie wurden als mächtige, unsterbliche, aber freundlich gesinnte Wesen angebetet. Aus dieser Verehrung der Verstorbenen entwickelte sich langsam der Glaube an die Unsterblichkeit der Seele.[200] Dieses Konzept der Religion im alten Indien wurde in der späteren Forschung fast vollständig ignoriert, später angezweifelt. Viele Hymnen im *Rig-Veda* und anderen Sanskrit-Texten beinhalten jedoch diese Vorstellung. Müller kommentierte diese Ignoranz:

> „The whole social fabric of India, with its laws of inheritance and marriage, rests on a belief in the Manes-and yet we are told that no Indo-European nation seems to have made a religion of the worship of the dead."[201]

Diese Aussage bezog sich auf eine Äußerung des britischen Philosophen und Soziologen Herbert Spencer, der behauptete, dass es diese Art von Religion in der indo-europäischen Familie nie gegeben habe.

Die p*itris* und die Götter (*deva*) wurden zwar nebeneinander verehrt, auch wurde ihnen beiden geopfert,[202] jedoch seien sie nicht miteinander zu verwechseln. Die Gruppe der *pitris* kann wiederum in zwei Untergruppen gegliedert werden: die weit entfernten Vorväter, sozusagen die Vorväter der Menschen und die persönlichen Vorväter, deren Tod noch nicht lange zurückliegt und zu denen man einen engeren Bezug hatte. Die erste Gruppe kommt dabei der Ebene der Götter etwas näher als die andere.

> „We may safely say, therefore, that not a day passes in the life of the ancient people of India on which they were not reminded of their ancestors, both near and distant, and showed their respect for them, partly by symbolic offering to the Manes, partly by charitable gifts to deserving persons, chiefly Brahmans."[203]

Müller sprach sein Bedauern aus, dass es in der westlichen Religion eine solche Ahnenpflege und -verehrung nicht gäbe. Neben den Göttern und den *pitris* gab es noch eine dritte Ebene des „Beyond", genannt *rita*. Damit waren die Gesetze der Natur und der Moral gemeint, „the eternal Law of Right and Reason."[204]

---

199 Müller, 2007:180
200 Müller, 2007:180
201 Müller, 2007:181
202 Auf die Opfer ging Müller an dieser Stelle sehr ausführlich ein
203 Müller, 2007:193
204 Müller, 2007:195

All diese Einblicke und das Wissen über die früheren Entwicklungsphasen des menschlichen Denkens und der Religion, so Müller, seien dem *Veda* zu verdanken,[205] von dessen Existenz man noch vor einigen Jahrzehnten nichts wusste. In der Entwicklung der Religion des alten Indien läge jedoch noch ein weiterer kostbarer Schatz, die Philosophie, welche Müller als „fulfillment of religion"[206] bezeichnete. Das älteste philosophische System in Indien wird *Vedanta* genannt. Diesem liegt die Vorstellung zugrunde, dass es nur einen Gott namens *Atman* gibt, die universelle Seele, „the Self."[207] Dabei wird davon ausgegangen, dass die individuelle Seele und die universelle Seele eins sind. Diese philosophische Richtung erschien circa ab dem 5. Jahrhundert v. Chr. in ausformulierter Form, die ersten Gedanken dazu, die zu dieser Entwicklung führten, findet man bereits schon in den vedischen Hymnen, ihre Erfüllung in den *Upanischaden*. Heute wird diese Religion wiederbelebt durch Sekten wie der *Brahmo Samaj*, die auf den Lehren der *Upanischaden* aufgebaut sind. Bis zum heutigen Tag, so betonte Müller erneut, gäbe es in Indien keine höhere Autorität als den *Veda* und aus diesem Grund sei es unabdingbar sich mit diesem auseinanderzusetzen.[208] Er beendete die Vorlesung und somit seine Arbeit vor dem Indian Civil Service mit dem Worten:

> „My object was, not merely to place names and facts before you, these you can find in many published books, but, if possible, to make you see and feel the general human interests that are involved in that ancient chapter of the history of the human race. I wished that the Veda and its religion and philosophy should not only seem to you curious or strange, but that you should feel that there was in them something that concerns ourselves, something of our own intellectual growth, some recollections, as it were, of our own childhood, or at least the childhood of our own race."[209]

---

205 Müller, 2007:195
206 Müller, 2007:196
207 Müller, 2007:196
208 Müller, 2007:196,199f
209 Müller, 2007:202

4. Ursachen für den Wandel in der Vermittlung interkultureller Kompetenz

Seit der Zeit, zu der Max Müller seine Vorlesungen vor den Kandidaten des Indian Civil Service in Cambridge (1882) hielt, bis heute, gab es globale Veränderungen, auch das Verhältnis Indiens und Europas betreffend. Indien ist keine Kolonie mehr und hat sich seit der Erlangung der Unabhängigkeit stetig verändert. Auch die Kulturvermittlung hat sich verändert. Es gibt keine voreingenommenen und desinteressierten Kolonialherren mehr, denen man die Schönheit und den Wert Indiens näherbringen und sie davon überzeugen muss, dass Indien nicht ein Land voller „Barbaren" und „Lügnern" ist. Indien ist heute ein aufsteigendes Land, welches sich zunehmend auf dem Weltmarkt behauptet und besonders auf wirtschaftlicher Ebene für viele andere Länder immer interessanter wird. Die Vermittlung interkultureller Kompetenz hat sich den neuen globalen Umständen angepasst. Bevor ich auf die Vermittlung interkultureller Kompetenz eingehe, ist es notwendig, die Umstände zu erläutern bzw. die vorangegangene historische Entwicklung Indiens darzustellen.

4.1 Indiens Weg in die Unabhängigkeit

Der große Aufstand von 1857 kann im Nachhinein als erster Freiheitskampf gesehen werden.[210] Aufgrund der großen Distanz zwischen Briten und Indern fand schon vor dem Aufstand und auch in der Folgezeit eine Rückbesinnung auf die eigenen kulturellen Werte und Wurzeln in der indischen Bevölkerung statt. Dies drückte sich unter anderem in der Gründung religiöser Reformbewegungen wie der *Brahmo Samaj* 1828 von Raja Ram Mohan oder später der *Arya Samaj* 1875 von Dayananda Saraswati aus.[211] 1885 wurde der *Indian National Congress (INC)* gegründet, der mehrheitlich aus städtischen Hindus der Oberschicht bestand. Die Forderung des INC war zunächst nicht die Unabhängigkeit Indiens von Großbritannien. Man hatte unter anderem mehr Selbstverwaltung, Verbesserungen im Erziehungswesen und mehr Beamtenstellen für die indische Bevölkerung zum Ziel. Die Teilung Bengalens im Jahr 1905, die später allerdings wieder rückgängig gemacht wurde, schaffte zusätzliche Konflikte, nicht nur zwischen Indern und Briten,

---
210 Stang, 2002:53
211 Rothermund, 1995:166

auch die Gegensätze zwischen Hindus und Moslems wurden immer spürbarer. Ein Jahr später, 1906 wurde die *All-India Muslim League (Muslim Leage)* unter Mohammad Ali Jinnah gegründet. Nachdem Indien auf Seiten Englands im Ersten Weltkrieg gekämpft hatte, erfüllten sich jedoch daraufhin die Hoffnung auf die gewünschten Verbesserungen von britischer Seite nicht.[212] Der Wahlsieg des INC im Jahr 1937 und die „Weigerung, die Vertreter der Minderheit in die Regierung aufzunehmen, führte zum endgültigen Bruch zwischen Hindus und Muslimen."[213] Es folgten blutige Auseinandersetzungen zwischen den beiden Religionsgemeinschaften und die Forderung der Moslems nach einem eigenen Staat, der den Namen Pakistan tragen sollte. Selbst Mohandas Karamcand Gandhi, Mahatma Gandhi, der zum gemeinsamen gewaltfreien Widerstand gegen die Briten aufforderte, konnte die Kluft zwischen Hindus und Moslems nicht schließen.

Nach dem Zweiten Weltkrieg, in dem Indien wieder auf britischer Seite gekämpft hatte und sich erneut die gewünschten Verbesserungen nicht einstellten, nahm der Wunsch nach einem unabhängigen Indien immer mehr Gestalt an. Dabei standen sich die Moslems unter Jinnah und die Hindus unter Jawaharlal Nehru gegenüber. Jinnah blieb bei seiner Forderung nach einem eigenen Staat.

In Großbritannien wurde der Vizekönig Indiens, Lord Louis Mountbatten, beauftragt, Indien auf seine Entlassung in die Unabhängigkeit vorzubereiten und das Land zu teilen. Dies erwies sich als schwierige Aufgabe. Indien, das in Indien und Pakistan geteilt wurde, erlangte am 15. August 1947 seine Unabhängigkeit. Die unmittelbare Folge der Teilung, die Familien, Freunde und Ehepartner trennte, war der „Austausch der Minderheiten."[214] Hindus aus Pakistan versuchten nach Indien und Moslems aus Indien nach Pakistan zu gelangen. Dabei kam es zu unzähligen feindlichen Übergriffen und Blutbädern auf beiden Seiten. Insgesamt flüchteten zwischen elf und zwölf Millionen Menschen, eine Million Menschen kamen dabei ums Leben.[215]

---

212 Stang, 2002:55
213 Stang, 2002:55
214 Stang, 2002:56
215 Stang, 2002:56

4.2 Indiens wirtschaftliche Entwicklung seit der Unabhängigkeit und die neue Rolle Europas

Nach der Unabhängigkeit Indiens war die indische Regierung unter Nehru daran interessiert, Indien zu befähigen, sich selbst versorgen zu können und wirtschaftlich unabhängig zu sein. Zu diesem Zweck wurde Indien vom Weltmarkt abgeschottet. Nehru glaubte daran, den wirtschaftlichen Fortschritt durch Industrialisierung, vor allem durch den Aufbau der Schwerindustrie zu fördern. Die Wirtschaft sollte fortan staatlich gelenkt werden,[216] die Schwer- und Großstoffindustrie wurde zu erheblichen Teilen verstaatlicht. Nehru verstand diese *Mixed Economy* als einen dritten Weg zwischen Sozialismus und Kapitalismus.[217] Aus dem Kalten Krieg hielt sich Indien heraus und gehörte zu den Gründern der Bewegung der Blockfreien Staaten.[218] Die Abschottung vom Weltmarkt beinhaltete, dass es ausländischen Investoren durch ein kompliziertes Lizenzsystem erschwert wurde, in Indien Fuß zu fassen. „Ausländischer Einfluss auf die wirtschaftliche Entwicklung Indiens [wurde] auf ein entwicklungspolitisches Minimum"[219] beschränkt. Durch die *Fünfjahrespläne* sollte Indien wieder aufgebaut werden. Diese Pläne beinhalteten unter anderem die Schaffung von Arbeitsplätzen, die Armutsbekämpfung, die Förderung der Industrie und die Energieerzeugung.[220] Die *Grüne Revolution* in den 60er Jahren half dabei, Indiens Selbstversorgung zu sichern.[221]

Die Verstaatlichung hatte jedoch auch Nachteile. So wurden zum Beispiel weitgehend ineffiziente Produktionsstrukturen aufgebaut. Zudem waren die Staatsunternehmen auf internationaler Ebene nicht wettbewerbsfähig, da ihre Produkte keine besonders hohe Qualität aufwiesen.[222] In den 70er Jahren gab es schließlich erste Liberalisierungsbemühungen durch die *Janata*-Regierung.[223] In den 80er Jahren folgten weitere Liberalisierungsversuche unter Indira Gandhi und später ihrem Sohn Rajiv Gandhi, was jedoch eine zunehmende Auslandsverschuldung zur Folge hatte.[224] Indira Gandhi sah sich außerdem gezwungen, einen Freundschaftsvertrag mit der Sowjetunion einzugehen um sich die Zulieferung von Waffen zu sichern, da die USA als Reaktion auf den Grenzkrieg Indiens mit China 1962 die wirtschaftliche Unterstützung für Indien eingestellt hatte.[225] Dieser

---

216 Stang, 2002:242
217 Matter, In: Indien, 2003:381
218 Zingel, In: Indien, 2000:346
219 Kruse, In: Indien, 2001:263
220 Rothermund, 1995:496
221 Rothermund, 1995:492
222 Kruse, In: Indien, 2001:264, Bergé, In: Indien, 2005:227
223 Kruse, In: Indien, 2001:265
224 Matter, In: Indien, 2000:383, Rajadhyaksha, 2007:45f
225 Zingel, In: Indien, 2000:346

Vertrag mit der Sowjetunion ist von besonderer Bedeutung, da Indien unter anderem durch den Zusammenbruch der Sowjetunion, aber auch dem Zweiten Golfkrieg, zu Beginn der 90er Jahre des 20. Jahrhunderts in eine wirtschaftliche Krise geriet und kurz vor der Zahlungsunfähigkeit stand.[226] Die 1991 neu gewählte Regierung unter Narasimha Rao markierte dann einen „Wendepunkt in der indischen Wirtschaftspolitik."[227] Rao verabschiedete „das größte Reformpaket der indischen Wirtschaftsgeschichte."[228] Dieses Paket beinhaltete unter anderem die Öffnung der indischen Wirtschaft nach außen, die Abschaffung des Lizenzsystems, was Indien für ausländische Investoren reizvoller werden ließ, und den Abbau der staatlichen Kontrolle.[229] Indien sollte wieder stärker in den Weltmarkt integriert werden, dabei wurde auch eine gewisse Abhängigkeit von Investitionen aus dem Ausland akzeptiert. Indien wollte den Ruf als verlässlicher und attraktiver Wirtschaftspartner und -standort erlangen und sichern.[230]

Vor allem im Bereich der Informationstechnologie (IT), allem voran der Softwareentwicklung, verzeichnete Indien seit den 80er Jahren ein erhebliches Wachstum. Die Informationstechnologie wird als der „am schnellsten wachsende Wirtschaftsbereich Indiens"[231] bezeichnet. Indien sieht sich selbst mittlerweile als zweitgrößten Software-Exporteur der Welt.[232] Den Durchbruch schaffte die indische Softwareproduktion durch die Gründung einer Filiale der amerikanischen Firma *Texas Instruments* im Jahr 1985.[233] Zudem waren indische Spezialisten bei der Vorbereitung amerikanischer Computer auf das Jahr 2000 behilflich.[234] 1999 wurden in Indien mehrere *Indian Institutes of Information Technology (IIITs)* gegründet.[235] Heute beherrscht Indien 17% der kundenspezifischen Softwareproduktion auf dem Weltmarkt. Ein wichtiger Standort ist die Stadt Bangalore in Südindien. Sie wird auch, angelehnt an das amerikanische Beispiel, *Silicon Valley* genannt. Später folgten Städte wie Chennai, Hyderabad und Delhi dem Beispiel Bangalores.[236]

Für Indiens Erfolg im IT-Bereich werden verschiedene Gründe genannt: Indien verfügt über eine große Zahl gut ausgebildeter Spezialisten auf diesem Gebiet, die zu vergleichsweise niedrigen Löhnen arbeiten.[237] Zudem wird die weite Verbreitung der englischen Sprache als Vorteil gesehen. Fleiß, allgemeine Sprachbegabung und eine gute Gedächtnisleistung werden als weitere Gründe

---

226 Matter, In: Indien, 2000:383, Stang, 2002:257
227 Rothermund, 1995:523
228 Matter, In: Indien, 2000:383
229 Stang, 2002:257f
230 Bergé, In: Indien, 2004:397ff
231 Lüders, In: Indien, 2002:176
232 Zingel, In: Indien, 2000:344
233 Stang, 2002:275
234 Zingel, In: Indien, 2000:346
235 Unter Nehru wurden bereits in den 50er Jahren die ersten Indischen Institute für Technik (IIT) gegründet, Mahbubani, 2008:70, Näheres zu den IITs: Mahbubani, 2008:70f,81f, Rajadhyaksha, 2007:126f
236 Stang, 2002:275, vgl. Rajadhyaksha, 2007:26
237 Bergé, In: Indien, 2005:234, Rajadhyaksha, 2007:70

angeführt. Zuletzt ist auch die Zeitverschiebung ein Grund, da sich ausländische und indische Firmen aufgrund des Zeitunterschiedes ergänzen können bzw. die Arbeit ohne Unterbrechung fortgesetzt werden kann. Private Softwarefirmen, wie *Infosys* und *Satyam*, zählen zu den weltweit zehn größten Firmen.

Indien ist eine der am schnellsten wachsenden Volkswirtschaften. Einer Studie der Deutschen Bank zur Folge hat Indien gute Chancen bis zum Jahr 2020 neben den Vereinigten Staaten und China die drittgrößte Volkswirtschaft der Welt zu werden.[238] Zudem ist Indien in der Lage, bis zur Mitte des 21. Jahrhunderts zu den drei reichsten Industriegesellschaften aufzusteigen.[239] Neben dem IT-Bereich zählen unter anderem der Tourismus, die Unterhaltungsindustrie und die medizinischen Leistungen zu den aufsteigenden Dienstleistungen Indiens.[240] Auch die Weltraumforschung und -technik ist sehr erfolgreich. Die Förderung der Biotechnik lässt zudem auf diesem Gebiet mit weiterem Fortschritt und Wachstum rechnen.[241]

Indiens Aufstieg hat jedoch auch Schattenseiten. Indien hat sich immer noch mit gravierenden Problemen auseinanderzusetzen. Die Bekämpfung der Armut (27.5% der Inder leben unter der nationalen Armutsgrenze),[242] die Verbesserung der Infrastruktur, die fehlende Bildung für den Großteil der Bevölkerung (39% der Bevölkerung sind Analphabeten) sowie die große Umweltverschmutzung stellen Indien weiterhin vor große Herausforderungen.[243] Indien ist zwar auf der einen Seite ein Globalisierungsgewinner, jedoch gilt dies nicht für die Masse der ärmeren indischen Bevölkerung.[244] Doch „die bisherige Erfahrung lehrt uns, dass Indien fähig ist, seine Probleme zu meistern. Es ist ein altes Land mit einer ehrwürdigen Tradition, aber zugleich mit einer überwiegend jungen Bevölkerung, die die Zukunft gestalten wird."[245] Indien zählt zwar noch zu den Entwicklungsländern, arbeitet jedoch mittlerweile mit 56 Staaten weltweit wissenschaftlich zusammen, darunter die USA, Großbritannien, Deutschland, Russland und Japan.[246] Zudem exportiert Indien circa 7500 Produkte in über 100 Länder, angefangen bei Textilien, Pharmaprodukten, Biotechnologie, über Autoteile, bis hin zur Software.[247] Auf der anderen Seite betreiben immer mehr ausländische Firmen *Offshoring*. Sie verlagern ihre Geschäftsprozesse und Dienstleistungen nach Indien, da Indien dafür die besten Möglichkeiten bietet.[248]

---

238 BME; Bogaschewsky (Hrsg.), 2005:11
239 Bergé, In: Indien, 2004:395
240 Zingel, In: Indien, 2000:354ff
241 Lüders, In: Indien, 2002:174
242 Rajadhyaksha, 2007:133, http://www.undp.org.in
243 Bierbrauer; Vial; Bälz, In: Indien, 1999:198, www.cia.gov/library/publications/the-world-factbook/geos/in.html
244 Zum Verhältnis von Arbeitslosigkeit und Armut in Indien: Rajadhyaksha, 2007:134ff
245 Kulke; Rothermund, 2006:449
246 Lüders, In: Indien, 2002:177
247 Gosalia, In: Indien, 2005:157
248 Bergé, In: Indien, 2005:226, Rajadhyaksha, 2007:14,70f

"The immediate global interest in India is, naturally, because of the commercial opportunities it offers in terms of consumer markets, technological capabilities, stock market investments, and the like. But, quite apart from the interest of corporate bosses, venture capitalists, and portofolio managers, there is another reason why the rest of the world would be well advised to keep a close eye on India. [...] What India is doing right now has never been attempted before in the annals of human history-an attempt to combine political democracy with early-stage economic development. The likely success of this experiment could provide a working model for other poor countries in the 21st century."[249]

4.3 Das Verhältnis von Indien und Deutschland heute

Indien und Deutschland unterhielten schon während der britischen Kolonialherrschaft diplomatische Beziehungen zueinander. Diese wurden jedoch durch die beiden Weltkriege unterbrochen. Vor allem nach dem Zweiten Weltkrieg konnte die Bundesrepublik Deutschland (BRD) die vorhergehenden Beziehungen zu Indien vorerst nicht wieder aufnehmen. Dazu fehlte es ihr an Souveränität.[250] In den 50er Jahren wurden die Beziehungen jedoch wieder aufgenommen. Da die Bundesrepublik durch die *Hallstein-Doktrin* (1955-1973) diplomatische Beziehungen zu allen Staaten ablehnte, die die Deutsche Demokratische Republik (DDR) anerkannten und da Indien auf die Entwicklungshilfe der BRD angewiesen war, konnte es die DDR nicht anerkennen.[251] Das deutsche Festhalten an der Doktrin wurde von indischer Seite allerdings missbilligt. Nach 1973 konnte Indien die DDR schließlich anerkennen, da mit dem deutsch-deutschen Grundlagenvertrag von 1972/73 die Hallstein-Doktrin aufgegeben worden war.[252]

Ende der 80er Jahre gab es neben der Entwicklungshilfe, die Deutschland Indien leistete, einen neuen Aufschwung in den Handels- und Wirtschaftsbeziehungen, welcher durch Staatsbesuche auf beiden Seiten eingeläutet wurde. Mit der zunehmenden Liberalisierung Indiens wurden Direktinvestitionen deutscher Firmen in Indien interessanter, da eine Mehrheitsbeteiligung der Deutschen möglich war. Dies war vorher nicht der Fall. Die gemeinschaftlichen Unternehmungen gelten als „fast ausnahmslos erfolgreich."[253]

Die ältesten Beziehungen zwischen den beiden Ländern sind jedoch die Kulturbeziehungen. Das

---
249 Rajadhyaksha, 2007:171f
250 Rothermund, 1995:473
251 Der Brockhaus, 2005:359
252 Der Brockhaus, 2005:184
253 Rothermund, 1995:477

Interesse an der Kultur und den Sprachen Indiens ist bereits auf den deutschen Philosophen Friedrich Schlegel (1772-1829) zurückzuführen. Dieses Interesse, welches sich unter anderem durch die zahlreichen Lehrstühle für Indologie an deutschen Universitäten ausdrückte, blieb zunächst auf das alte Indien beschränkt. In jüngerer Zeit wächst jedoch immer mehr auch das Interesse an der neueren Geschichte Indiens sowie an moderner Literatur und Kunst. Zur Pflege der deutsch-indischen Beziehungen wurde 1953 die *Deutsch-Indische Gesellschaft* gegründet, die nunmehr 33 Zweigstellen in Deutschland umfasst.[254] Zudem wurde in Indien seit den 50er Jahren des 20. Jahrhunderts mit dem Bau deutscher Kulturinstitute, auch *Max-Müller-Bhawan* genannt, begonnen.[255] Im Jahr 1956 wurde die *Deutsch-Indische Handelskammer* zur Förderung der Wirtschaftsbeziehungen beider Länder gegründet, die insgesamt über 6000 Mitglieder beschäftigt.[256] Seit den 40er/50er Jahren gibt es indisch-deutsche Kooperationen in Form von *Joint Ventures*. Die Zusammenarbeit erfolgt hauptsächlich im technischen und naturwissenschaftlichen Bereich, also Pharmazie, Chemie, Maschinenbau, Software und Elektrotechnik sowie der Automobilindustrie.[257] Zudem gewinnt die Zusammenarbeit im Bereich der Weltraumforschung an Bedeutung.[258] Jährlich erscheinen zwischen 70 und 80 gemeinschaftliche Veröffentlichungen in den verschiedenen Gebieten der Zusammenarbeit.[259]

„Die deutsch-indische Zusammenarbeit im Wissenschaftsbereich verläuft reibungslos, geräuscharm und wirkungsvoll zwischen zwei gleichberechtigten Partnern."[260]

---

254 www.dig-bundesverband.de/de;die-dig;struktur-und-zweiggesellschaften.htm
255 Rothermund, 1995:479f
256 Bierbrauer; Vial; Bälz, In: Indien, 1999:213
257 Bierbrauer; Vial; Bälz, In: Indien, 1999:212f, Matter, In: Indien, 2000:392
258 Lüders, In: Indien, 2002:174
259 Lüders, In: Indien, 2002:178
260 Lüders, In: Indien, 2002:178

5. Vermittlung interkultureller Kompetenz heute: Interkulturelles Training

Im Folgenden setze ich mich mit der heutigen Vermittlung interkultureller Kompetenz auseinander. Dazu ist es notwendig vorab zu erläutern, was unter interkultureller Kompetenz im Allgemeinen verstanden wird. In einem nächsten Schritt zeige ich die Phänomene auf, die beim Zusammentreffen von Mitgliedern verschiedener Kulturen auftreten können. Interkulturelle Begegnungen werden von den Individuen vor dem eigenen kulturellen Hintergrund betrachtet. Ist man sich der kulturellen Unterschiede nicht bewusst, bewertet man das Verhalten des anderen an den Maßstäben der eigenen Kultur. Wenn das Verhalten von diesen Maßstäben abweicht, ist man zunächst irritiert. Reaktionen können Unverständnis sowie Wut sein oder ein Gefühl der Kränkung, weil einem das Verhalten des Gegenübers unverständlich und gegebenenfalls unangebracht erscheint. Die durch die Sozialisation in der eigenen Kultur erlernten Mittel zur Kommunikation und Orientierung in der Gesellschaft können jedoch in einer anderen Kultur völlig verschieden sein.[261] Wenn die unterschiedlichen Kommunikationsformen nicht bekannt sind, kann dies wiederum zu der Verfestigung von Stereotypen und Vorurteilen führen, welche die Interaktion erheblich behindern können. Kommunikation ist ein sehr umfangreiches Phänomen und umfasst viele verschiedene Aspekte. Aus diesem Grund gehe ich darauf ausführlicher ein.

5.1 Was ist interkulturelle Kompetenz?

In Zeiten der Globalisierung ist interkulturelle Kompetenz zu einer bedeutenden Fähigkeit in der heutigen Gesellschaft geworden.[262] Mit Mitgliedern anderer Kulturen zusammenarbeiten und kommunizieren zu können, ist eine Anforderung, die heute an jeden Menschen gestellt wird. Aus diesem Grund beschäftigen sich viele verschiedene wissenschaftliche Disziplinen, wie zum Beispiel die Psychologie, die Soziologie, die Wirtschaftswissenschaften, die Pädagogik und die Kulturwissenschaften damit.[263] Interkulturalität stellt selbst kein eigenständiges Handlungsfeld dar, vielmehr gibt es mittlerweile in fast jeder wissenschaftlichen Disziplin Subdisziplinen, die sich mit

---

261 Thomas, 2005(a):41f
262 Thomas, 2005(a):86
263 Erll; Gymnich, 2007:9, dort findet man auch eine ausführlichere Auflistung der unterschiedlichen Disziplinen

Interkulturalität befassen.[264] Viele verschiedene Disziplinen bringen auch verschiedene Definitionen von interkultureller Kompetenz mit sich. Alle Definitionen haben aber gemeinsam, dass es sich bei interkultureller Kompetenz um einen effektiven Umgang hinsichtlich des Handlungsziels und der Angemessenheit der Handlung in interkulturellen Kontaktsituationen handelt.[265]

Der deutsche Sozialpsychologe Alexander Thomas, „einer der bekanntesten Erforscher interkultureller Kompetenz im deutschsprachigen Raum,"[266] definiert interkulturelle Kompetenz wie folgt:

> „Interkulturelle Kompetenz zeigt sich in der Fähigkeit, kulturelle Bedingungen und Einflussfaktoren in Wahrnehmen, Urteilen, Empfinden und Handeln bei sich selbst und bei anderen Personen zu erfassen, zu respektieren, zu würdigen und produktiv zu nutzen im Sinne einer wechselseitigen Anpassung, von Toleranz gegenüber Inkompatibilitäten und einer Entwicklung hin zu synergieträchtigen Formen der Zusammenarbeit, des Zusammenlebens und handlungswirksamer Orientierungsmuster in Bezug auf Weltinterpretation und Weltgestaltung."[267]

Er unterteilt interkulturelle Kompetenz in drei Teilkompetenzen: die kognitive, die affektive und die pragmatisch-kommunikative Teilkompetenz. Unter der kognitiven Kompetenz wird das Wissen über die jeweilige Kultur verstanden, also Fakten und Daten, aber auch das Wissen über kulturelle Unterschiede und die Fähigkeit, sowohl über die eigene als auch die fremde Kultur reflektieren zu können. Die affektive Kompetenz umfasst die persönliche Haltung und Einstellung, die man Mitgliedern einer fremden Kultur entgegenbringt. Hierzu zählen Offenheit, Einfühlungsvermögen und Toleranz. Die pragmatisch-kommunikative Kompetenz beinhaltet schließlich die Fähigkeit, bestimmte Kommunikationsmuster der anderen Kultur zu verinnerlichen. In Indien begrüßt man sich zum Beispiel, indem man die Hände vor der Brust zusammenlegt, sich leicht verneigt und „Namaste" sagt, übersetzt „Hallo" oder „guten Tag", in der westlichen Welt mit Wangenkuss oder Händedruck. Zur pragmatisch-kommunikativen Kompetenz gehören auch hilfreiche Problemlösungsstrategien.[268] Obwohl interkulturelle Kompetenz in diese drei Teilkompetenzen unterteilt werden kann, besteht zwischen ihnen ein enges Zusammenspiel. Im Zusammenhang mit interkultureller Kompetenz spricht man auch von interkultureller Handlungskompetenz.[269] Dabei

---
264 Kordes; Müller, In: Nicklas; Müller; Kordes (Hrsg.), 2006:163ff
265 Thomas, 2005(a):87
266 Erll; Gymnich, 2007:10
267 Thomas, 2005(a):87
268 Erll; Gymnich, 2007:11ff
269 Thomas, 2005(a):86

wird bewusst der Begriff des Handelns miteinbezogen, da er im Gegensatz zum Verhalten die mit einer Absicht verbundene Handlung betont.[270]

Innerhalb der Forschung über interkulturelle Handlungskompetenz ergaben sich aufgrund der Überlegung, was für interkulturelle Handlungskompetenz förderlich sei, drei Ansätze: den personalistischen Ansatz, den situationistischen Ansatz und den interaktionistischen Ansatz.

Beim personalistischen Ansatz wird davon ausgegangen, dass interkulturelle Handlungskompetenz zwar nicht ausschließlich auf personale Faktoren zurückgeführt werden kann und darf, jedoch gewisse persönliche Eigenschaften hilfreich sind. Beispiele hierfür sind Kontaktfreudigkeit, Offenheit, Toleranz, Geduld und Lernfähigkeit. Von großer Bedeutung ist auch die Ambiguitätstoleranz, worunter man die Fähigkeit versteht, „mit neuen und scheinbar unstrukturierten Situationen, mit unverständlichen Informationen oder mit unberechenbarem Handeln und Kommunizieren von Interaktionspartnern umgehen zu können."[271] Beim situationistischen Ansatz wird die Auffassung vertreten, dass die Situation ebenfalls große Auswirkungen auf die interkulturelle Handlungskompetenz haben kann. Mit Situation ist hierbei die Kombination der Personen, Ereignisse und Orte gemeint. Beim interaktionistischen Ansatz ist schließlich die Annahme vorherrschend, dass das interaktive Zusammenwirken situationaler und personaler Faktoren Einfluss auf die interkulturelle Handlungskompetenz hat, da gewisse personale Faktoren nur in gewissen Situationen erfolgversprechend sind, in anderen wiederum weniger.[272]

Interkulturelle Kompetenz ist erlernbar,[273] es handelt sich dabei jedoch um einen ständig fortschreitenden Prozess, der ein Leben lang anhält, ohne je als abgeschlossen gelten zu können.[274] Dieser Prozess muss bzw. soll nach Alexander Thomas folgende Stufen beinhalten: 1) Interkulturelle Wahrnehmung: kulturelle Unterschiede sollen wahrgenommen und als wichtig erkannt werden. 2) Interkulturelles Lernen: dies beinhaltet, sich Kenntnisse über das fremde Orientierungssystem und dessen Auswirkungen auf das Handeln anzueignen. 3) Interkulturelle Wertschätzung: Die Hintergründe für das Verhalten der Mitglieder anderer Kulturen sollen verstanden und diesen anderen Denk- und Verhaltensweisen mit Respekt begegnet werden. 4) Interkulturelles Verstehen: Man sollte über das eigene kulturelle Orientierungssystem und dessen Einfluss auf das eigene Handeln Bescheid wissen und darüber reflektieren können. Zudem sei es notwendig sich der Konsequenzen beim Kontakt mit anderen kulturellen Orientierungssystemen bewusst sein. 5) Interkulturelle Sensibilität: Durch den Vergleich der

---

270 Hatzer; Layes, In: Thomas; Kinast; Schroll-Machl (Hrsg.), 2005:138f
271 Hatzer; Layes, In: Thomas; Kinast; Schroll-Machl (Hrsg.), 2005:143
272 Hatzer, Layes, In: Thomas; Kinast; Schroll-Machl (Hrsg.), 2005:141ff
273 Kumbruck; Derboven, 2005:7
274 Erll; Gymnich, 2007:14

unterschiedlichen Orientierungssysteme sollte man in der Lage sein, sensibel auf das Gegenüber zu reagieren. 6) Interkulturelle Kompetenz umfasst schließlich das „prozedurale Wissen über den kulturadäquaten Einsatz und Umgang mit kulturbedingten Unterschieden."[275]

5.2 Vom Zusammentreffen zweier Kulturen

5.2.1 Kulturschock

Der Begriff des *Kulturschocks* bezeichnet Situationen, in denen sich alles Vertraute in der Umgebung ändert, man sich nicht mehr auf das „Denken-wie-üblich"[276] verlassen kann und sich deswegen in der neuen Umgebung nicht zurechtfindet.[277] Da man an den eigenen kulturellen Werten festhält, nimmt man die Werte der anderen Kultur als fremd und unheimlich wahr.[278] Man hält sie für nicht normal.[279] Dies schließt auch alle erlernten Formen der Kommunikation mit ein, die in der fremden Kultur an Aussagekraft verlieren und man somit nicht in der Lage ist, sich zu artikulieren. Man verliert die Orientierung, fühlt sich hilflos und ausgeliefert.[280]

Der Bezeichnung Kulturschock wurde 1960 von dem kanadischen Anthropologen Kalvero Oberg eingeführt, der behauptete, dass jede Kontaktsituation mit fremden Kulturen zunächst einen Schock auslöst.[281] Symptome eines Kulturschocks können unter anderem die angestrengte Verarbeitung der Eindrücke, die beängstigende Auffassung der fremden Kultur sowie das Gefühl nicht akzeptiert zu werden, sein. Dies kann sich äußern in der übertriebenen Vorsicht Nahrungsmitteln gegenüber, einem sehr starken Hygienebedürfnis, Überreaktionen bei Krankheiten sowie Hoffnungslosigkeit und einer starken Abneigung gegenüber der anderen Kultur. Man fühlt sich von der anderen Kultur bedroht und misstraut ihren Mitgliedern.[282] Ein Kulturschock kann zu Depressionen, Lethargie und dem Wunsch führen, das Haus nicht mehr zu verlassen und sich vollkommen zurückzuziehen.[283]

---
275 Hatzer; Layes, In: Thomas; Kinast; Schroll-Machl (Hrsg.), 2005:146f
276 Kordes, In: Nicklas; Müller; Kordes (Hrsg.), 2006:309
277 Brislin; Pedersen, 1976:13
278 Kordes, In: Nicklas; Müller; Kordes (Hrsg.), 2006:310
279 Krack, 2007: Vorwort
280 Mitchell, 2000:39
281 Erll; Gymnich, 2007:67f
282 Maletzke, 1996:165ff, Brislin; Pedersen, 1976:13
 Die Merkmale und Symptome beruhen allerdings nicht auf wissenschaftlichen Studien, da der Kulturschock ein bisher noch schwer deskriptiv zu erfassendes Phänomen darstellt
283 Mitchell, 2000:40

Ein Kulturschock kann unterschiedliche Formen annehmen: Verwirrung, Stress, aber auch Euphorie. Oberg unterschied vier Phasen des Kulturschocks, denen der deutsche Kommunikationswissenschaftler Jürgen Bolten eine fünfte Phase hinzufügte:

Die erste Phase ist die Euphorie. Darunter versteht man die Vorfreude auf das Neue, von dem man nur positive Erfahrungen erwartet. In der zweiten Phase (die von Bolten ergänzend hinzugefügt wurde) kommt es zu Missverständnissen, da man sich in der neuen Umgebung und deren Regelsysteme noch nicht zurecht findet. In dieser Phase schreibt man die Ursache für die Missverständnisse noch sich selbst zu. In der dritten Phase, der Kollision, versteht man die Ursache für die Missverständnisse weiterhin nicht, macht jedoch nun die Mitglieder der anderen Kultur dafür verantwortlich. Dies kann eine Aufwertung der eigenen und eine gleichzeitige Abwertung der fremden Kultur beinhalten. In der vierten Phase kommt es zur Akzeptanz der Unterschiede. Unterschiede sowie Widersprüchlichkeiten werden toleriert und es wird versucht, die andere Kultur zu verstehen. In der letzten Phase, der Phase der Akkulturation werden die Unterschiede schließlich verstanden. Teilweise werden sogar Verhaltensmerkmale der anderen Kultur übernommen.[284]

Verschiedene Menschen gehen unterschiedlich mit Kulturschocks um. Während einige dadurch sogar zur Heimreise gezwungen werden, gewöhnen sich andere relativ schnell an die ungewohnte neue Umgebung. Wieder andere reagieren mit Misstrauen und Verärgerung auf die neue Kultur und ihre Mitglieder.[285] Hilfreich bei einem Kulturschock kann das Bewusstsein sein, dass die Mitglieder der anderen Kultur einen selbst ebenfalls als fremd betrachten und sich gegebenenfalls mit denselben Schwierigkeiten konfrontiert sehen. Geert Hofstede, auf den später noch ausführlicher eingegangen wird, sagte zum Thema Kulturschock: „Kultur zu untersuchen, ohne einen Kulturschock zu erleiden, ist wie Schwimmen üben ohne Wasser."[286]

Ein Kulturschock kann nicht nur beim Eintritt in eine fremde Kultur auftreten, sondern auch wenn man aus dem Ausland wieder in die eigene Kultur zurückkehrt. Dies kann passieren, wenn sich sowohl das Umfeld als auch die persönliche Perspektive während des Auslandsaufenthaltes verändert hat. Die Symptome, die den „umgekehrten Kulturschock" kennzeichnen, sind den oben genannten sehr ähnlich.[287] Der Kulturschock kann aber auch positiv genutzt werden, da man sich durch diesen der eigenen kulturellen Identität bewusster wird und man somit lernen kann, sich selbst und andere besser zu verstehen. Denn „die Kenntnis des Anderen vollzieht sich über die

---

Siehe zu Kulturschock auch Cohen-Emerique, In: In: Nicklas; Müller; Kordes (Hrsg.), 2006:318
284 Erll; Gymnich, 2007:67f
285 Mitchell, 2000:39
286 Hofstede, 2006:VII
287 Mitchell, 2000:43f
Tipps für die erfolgreiche Überwindung eines Kulturschocks gibt Mitchell, 2000:42

Kenntnis seiner selbst."[288]

5.2.2 Kommunikation

5.2.2.1 Definition und Ebenen von Kommunikation

Unter Kommunikation kann ein Konstruktionsprozess verstanden werden, „bei dem ein „Sender" eine Botschaft in einen bestimmten Code verschlüsselt und sie über einen Kommunikationskanal „sendet", damit sie einen „Empfänger" erreicht, bei dem sie eine Wirkung erzeugt."[289] Die Verschlüsselung der Nachricht kann sowohl verbal (Sprache) als auch nonverbal (Mimik, Gestik) sein. Verwirrungen und Missverständnisse treten dann auf, wenn die Codierung der Nachricht nicht wie vom Sender beabsichtigt vom Empfänger entschlüsselt wird oder wenn verbale und nonverbale Kommunikation sich beim Gespräch widersprechen. Wenn dies der Fall ist, werden meist die nonverbalen Signale als die richtigen gedeutet.[290]

Kommunikation lässt sich in drei Ebenen unterteilen: die Sach-Ebene, die Beziehungs-Ebene und die Regel-Ebene. Auf der Sach-Ebene werden der Gegenstand der Kommunikation thematisiert und greifbare Informationen ausgetauscht sowie Meinungen geäußert. Auf der Beziehungs-Ebene werden weitere Informationen über die Bewertung des Gegenübers, den sozialen Status sowie über die gegenseitige Sympathie oder Antipathie gegeben. Die Beziehungs-Ebene ist weniger greifbar, bestimmt jedoch die Atmosphäre der Situation. Die Regel-Ebene gibt Auskunft darüber, wann nach den jeweiligen kulturellen Regeln eine Aussage überhaupt getroffen werden kann bzw. sollte. Befolgt man diese Regeln nicht, kann sich dies wiederum negativ auf die Sach- und Beziehungs-Ebene auswirken.[291] Indien und andere asiatische Länder betonen mehr die Beziehungs- und Regel-Ebene, während in Deutschland die Sach-Ebene dominant ist.[292]

---

288 Cohen-Emerique, In: In: Nicklas; Müller; Kordes (Hrsg.), 2006:321
289 Kommunikation in Südasien, S.2
290 Kommunikation in Südasien, S.19, Erll; Gymnich, 2007:83
291 Kommunikation in Südasien, S.4
292 Kommunikation in Südasien, S.6

5.2.2.2 Verbale und nonverbale Kommunikation

Verbale und nonverbale Kommunikation können prinzipiell unabhängig voneinander eine Nachricht zum Ausdruck bringen, sie treten jedoch in der Regel nie getrennt auf,[293] sondern wirken zusammen, indem sie sich stützen, ergänzen oder auch widersprechen. Verbale Kommunikation eignet sich zwar mehr, um komplexe Nachrichten zu senden, jedoch ist meist die nonverbale Kommunikation verantwortlich dafür, wie die Nachricht vom Empfänger aufgenommen wird. Tatsächlich erfolgen nur 20-30% der Kommunikation über die sprachliche Ebene.[294] Da nonverbale Kommunikation sowie das Zusammenspiel von verbaler und nonverbaler Kommunikation kulturabhängig ist und im Prozess der Enkulturation erlernt wird, kann es besonders bei interkulturellen Kontaktsituationen zu Unverständnis kommen.[295] Es muss jedoch hinzufügt werden, dass es auch im eigenen kulturellen Kontext zu Missverständnissen aufgrund falscher Entschlüsselungen verbaler und nonverbaler Kommunikation kommen kann.[296]

Nicht nur beim Senden einer Nachricht wird nonverbal kommuniziert, sondern auch während des Sendens der Nachricht kann der Empfänger nonverbal auf das Gesagte reagieren, um damit sein Interesse oder auch Verständnis auszudrücken. Die nonverbale Reaktion gibt dem Sender wichtige Informationen darüber, wie seine Nachricht aufgenommen wird.[297] Diese Reaktion richtet sich ebenfalls nach kulturabhängigen Normen, welche mit denen des Senders nicht übereinstimmen müssen.[298] Es kann sogar vorkommen, dass eine identische nonverbale Kommunikationsform in verschiedenen Kulturen eine konträre Bedeutung hat.[299] Es lassen sich folgende nonverbale Kommunikationsformen unterscheiden: Kinesics (Körpersprache), Proxemics (Distanzverhalten), Orientierungswinkel (Winkel, in dem man zu einer Person steht), äußere Erscheinung (beinhaltet auch Kleidung und Schmuck), Haltung, Kopfbewegungen, Mimik, Gestik, Blickkontakt und Paralinguistik, wobei letzteres auch gesondert behandelt werden kann.[300]

In Indien ist zum Beispiel das Distanzverhalten ein anderes als in Deutschland. Eine Mindestdistanz zwischen zwei Menschen, besonders wenn sie sich nicht bekannt sind, ist dort eher unüblich. Auch körperliche Berührungen Fremden gegenüber sind in Indien viel häufiger und selbstverständlicher. Besonders irritierend mögen für Menschen, die nach Indien kommen, die

---

293 Geier, 2007:114
294 Kumbruck,; Derboven, 2005:18
295 Erll; Gymnich, 2007:84f
296 Podsiadlowski, 2004:27, Kumbruck; Derboven, 2005:17
297 Geier, 2007:113
298 Erll; Gymnich, 2007:86
299 Baumer, 2002:33
300 Auflistung nach Baumer, 2002:33

Kopfbewegungen der Inder sein. Das indische „Wackeln" mit dem Kopf wird leicht als Verneinung gedeutet, während es in Indien sowohl Zustimmung als auch eine Geste des Zuhörens bedeuten kann.

5.2.2.3 Paraverbale Kommunikation

Unter paraverbaler Kommunikation versteht man die Art und Weise des Sprechens unterschiedlicher Sprecher bei gleich bleibendem Inhalt. Aus diesem Grund kann paraverbale Kommunikation nicht eindeutig zur nonverbalen Kommunikation gezählt werden. Elemente der paraverbalen Kommunikation sind Lautstärke, Geschwindigkeit, Nähe bzw. Distanz zum Thema, die Art und Länge der Pausen sowie die Betonung.

Paraverbale Kommunikation vermittelt viele zusätzliche Informationen über die Gesprächssituation und die Beziehung der Gesprächspartner. Die Lautstärke des Sprechens ist in südasiatischen Ländern wie Indien abhängig von der Position und dem Anlass, während in Deutschland lautes und deutliches Sprechen allgemein vorherrschend ist. Dies kann bei Mitgliedern anderer Kulturen schnell als unhöflich und aggressiv empfunden werden. Während man in Deutschland sachlich engagiert argumentiert und nur kleine Sprechpausen macht, spricht man in südasiatischen Ländern eher emotional engagiert. Zudem sind längere Pausen üblich. Deutschen sind längere Schweigemomente eher unangenehm, weshalb es auch dazu kommen kann, dass sie ihren Gesprächspartner unterbrechen, weil sie annehmen, er sei mit seinem Beitrag am Ende. Die Gesprächsbeiträge bestehen in Indien meist aus mehreren kürzeren Beiträgen, die erst zusammengenommen die Aussage bilden. In Deutschland hingegen werden Zusammenhänge und Gedanken in strukturierten, geschlossenen Einheiten präsentiert. Daher kann es passieren, dass der fehlende Zusammenhang auf indischer Seite Deutsche irritiert und man sich nicht über das Anliegen des Gegenübers im Klaren ist. Dafür gelten Deutsche für andere Kulturen oft als stur, da sie relativ unflexibel sind und an ihrer Struktur festhalten. Unterbrechungen werden als unhöflich gewertet. Dies gilt zwar auch in südasiatischen Ländern, jedoch folgt darauf meist keine direkte Reaktion.[301]

---

[301] Kommunikation in Südasien, S.11f

5.2.2.4 Direkte und indirekte Kommunikation

Verschiedene Kulturen unterscheiden sich jedoch nicht nur hinsichtlich der verbalen und nonverbalen Kommunikationsform, sondern auch hinsichtlich ihres Kommunikationsstils. Manche Kulturen bevorzugen den direkten, andere wiederum den indirekten Kommunikationsstil. Der indirekte Kommunikationsstil wird weitgehend bei *High-context*-Kulturen angewandt, wozu auch Indien gehört. High-context bedeutet, dass die Situation, in der die Kommunikation stattfindet, wichtige Hinweise zum Verstehen der Nachricht liefert. Das gesprochene Wort hat weniger Bedeutung für die Vermittlung von Informationen. Bei *Low-context*-Kulturen wie Deutschland, die den direkten Kommunikationsstil bevorzugen, gibt die tatsächliche Nachricht durch direkte und exakte Formulierungen vorwiegend die wichtigen Informationen. Die Situation spielt eine eher unbedeutende Rolle.[302] Wenn daher Mitglieder aus High-context-Kulturen mit Mitgliedern aus Low-context-Kulturen zusammentreffen, kann es zu Verständigungsschwierigkeiten kommen, da die Situationen unterschiedlich gedeutet und interpretiert werden. Ausgehend von den unterschiedlichen Kommunikationsstilen, haben High- und Low-context-Kulturen jeweils auch andere Auffassungen, was Konfliktlösung betrifft.[303]

Wichtig für eine erfolgreiche Kommunikation ist also zunächst das richtige Codieren und Entschlüsseln der gesendeten Nachricht. Dabei ist zu beachten, dass sowohl verbale als auch nonverbale Codes kulturell erlernt sind und sich somit in verschiedenen Kulturen unterscheiden können. Auch der Zweck zu dem die jeweilige Kultur die Kommunikation verwendet kann verschieden sein. So nutzen einige Kulturen Kommunikation vordergründig zum Austausch von Informationen, während in anderen Kulturen, so auch in Indien, Kommunikation auch dazu dienen kann, eine gute Atmosphäre und Wohlgefühl zu schaffen. Zudem ist in Indien und anderen asiatischen Ländern die Kommunikation stärker differenziert als zum Beispiel in Deutschland, da für das Kommunikationsverhalten in Indien unter anderem der soziale Status, das Alter und das Geschlecht der Kommunikationspartner eine bedeutendere Rolle spielen.[304]

---

302 Geier, 2007:98ff
303 Erll; Gymnich, 2007:88f
304 Kommunikation in Südasien, S.3

5.2.2.5 Kommunikationspsychologische Modelle

Im Folgenden stelle ich zwei Modelle vor, die der deutsche Kommunikationspsychologe Friedemann Schulz von Thun entworfen hat und die heute häufig zur Annäherung und Verständnis von Kommunikation herangezogen werden. Das erste Modell namens *Quadrat einer Nachricht* baut auf der Annahme auf, „dass ein und dieselbe Nachricht stets viele Botschaften gleichzeitig enthält."[305] Demnach schließt eine Nachricht neben dem Sach-Aspekt zugleich auch Aspekte der Selbstoffenbarung, der Beziehung und des Appells mit ein.

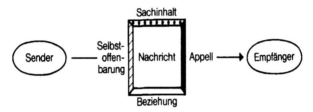

Die vier Seiten (Aspekte) einer Nachricht - ein psychologisches Modell der zwischenmenschlichen Kommunikation.[306]

Beim Sach-Aspekt geht es schlicht um die Information, die eine Nachricht vermitteln soll. Beim Senden einer Nachricht gibt der Sender jedoch auch gleichzeitig Informationen über sich selbst. So informiert er zum Beispiel darüber, dass er der Sprache, in der er spricht, mächtig ist. Dieser Aspekt wird Selbstoffenbarung genannt, um sowohl die freiwillige Selbstdarstellung als auch die unfreiwillige Selbstenthüllung miteinzubeziehen. Der dritte Aspekt betrifft die Beziehung, da beim Senden einer Nachricht auch die Art der Beziehung der Gesprächspartner deutlich wird. Dies geschieht durch die Wahl der Worte sowie durch nonverbale und paraverbale Kommunikation. Vom Beziehungs-Aspekt einer Nachricht gehen zwei Botschaften aus. Zum einen erhält der Empfänger Auskunft darüber, wie viel Sympathie der Senders ihm entgegenbringt. Zum anderen macht der Sender deutlich wie er die Beziehung zwischen Sender und Empfänger empfindet. Der letzte Aspekt einer Nachricht betrifft den Appell. Der Sender möchte mit der Nachricht auf den Empfänger, direkt oder indirekt, Einfluss nehmen. Der Empfänger soll veranlasst werden, etwas zu tun oder zu denken. Wenn alle anderen Aspekte einer Nachricht vom Sender darauf ausgerichtet

---
305 Schulz von Thun, 2008(a):26
306 Schulz von Thun, 2008(a):30

sind, den Appell zu unterstützen, spricht man von funktionalisieren.[307]

Dieses Modell macht deutlich, dass Kommunikation ein komplexer Vorgang ist. Da Mitglieder einer Kultur dieselben Kommunikationsformen erlernt haben, ist das richtige Verstehen untereinander wenig von Missverständnissen geprägt. In Kommunikationssituationen zwischen Mitgliedern verschiedener Kulturen und somit unterschiedlicher Kommunikationsformen wird das richtige Verstehen problematischer. Verständigungsprobleme können die Folge sein.

Das zweite von Friedemann Schulz von Thun entwickelte kommunikationspsychologische Modell ist das *Modell vom Inneren Team*. Schulz von Thun nennt die innere Pluralität an Gefühlen, Gedanken oder Meinungen, die ein Mensch in verschiedenen Situationen empfinden kann, „Mitglieder des Inneren Teams". Jedes Mitglied hat eine Botschaft, die es verkünden möchte. Je nach Botschaft, die eventuell erst entschlüsselt werden muss, können die Mitglieder in einem zweiten Schritt benannt und sich somit noch mehr bewusst gemacht werden. So könnte man zum Beispiel ein Mitglied des Inneren Teams, das die Botschaft sendet, dass eine Situation zu viele Eindrücke auf einmal enthält, den „Überforderten" nennen, um sich somit auch zu verdeutlichen, was die Stimme mitteilen möchte. Die Mitglieder des Inneren Teams können schließlich noch, zur besseren Bestimmung ihres Wesens, mit Symbolen versehen werden. Die verschiedenen Mitglieder unterscheiden sich hinsichtlich des Zeitpunktes der Botschaft, der Dringlichkeit der Botschaft oder auch der Art, wie die Botschaft aufgenommen wird. Dies muss allerdings nicht bedeuten, dass jedes Teammitglied für sich alleine und von den anderen Mitgliedern abgegrenzt stehen muss, vielmehr können sie in Kontakt, Beziehung und Kommunikation zueinander stehen, sich unterstützen oder widersprechen. Die Mitglieder des Inneren Teams variieren von Mensch zu Mensch. Während einige Mitglieder bei einer Person sehr stark ausgeprägt sind, können sie bei anderen Personen nur schwach vorhanden sein. Zudem spielt die kulturelle Prägung bei der Zusammenstellung der Mitglieder ebenfalls eine Rolle.[308]

---

307 Schulz von Thun, 2008(a):25ff
308 Schulz von Thun, 2008(b):21-29

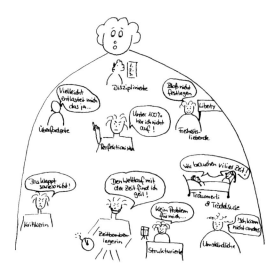

Inneres Team für das Beispiel „Zeitmanagement"[309]

Dieses Modell soll aufzeigen, dass es wichtig ist, sich die Botschaften aller Teammitglieder anzuhören, um die Situation bewusst wahrnehmen zu können. Zudem kann es hilfreich sein zu erkennen, dass die Persönlichkeitsanteile, die einem bei Mitgliedern der fremden Kultur dominant erscheinen, im eigenen Inneren Team ebenfalls vorhanden sind.[310]

---

309 Schulz von Thun, 2008(c):40
310 Erll; Gymnich, 2007:95

5.2.3 Stereotype und Vorurteile

Der Begriff *Stereotyp* wurde in den 20er Jahren des 20. Jahrhunderts von dem amerikanischen Journalisten Walter Lippmann geprägt[311] und von der deutschen Stereotypen-Forscherin Uta M. Quasthoff definiert als:

> „der verbale Ausdruck einer auf soziale Gruppen oder einzelne Personen als deren Mitglieder gerichteten Überzeugung. Es hat die logische Form eines Urteils, das in ungerechtfertigt vereinfachender und generalisierender Weise, mit emotional wertender Tendenz, einer Klasse von Personen bestimmte Eigenschaften oder Verhaltensweisen zu- oder abspricht. [...] Es zeichnet sich durch einen hohen Verbreitungsgrad innerhalb der kulturellen Bezugsgruppe aus."[312]

Die einer Person, Gruppe oder Gesellschaft zugeordneten Eigenschaften werden zugleich auch jedem Mitglied innerhalb der Gruppe zugeschrieben. Stereotype sind somit stark vereinfachte, uneingeschränkte und unreflektierte Generalisierungen.[313] Dabei lässt sich zwischen Heterostereotypen und Autostereotypen unterscheiden. Unter Heterostereotypen versteht man die Art der Beurteilung von Mitgliedern anderer Gruppen, während mit Autostereotypen die Beschreibung der Mitglieder der eigenen Gruppe gemeint ist.[314]

Stereotype entstehen dadurch, dass Individuen ihre Umwelt in Kategorien einteilen, um sich bei der Vielzahl von alltäglichen Sinneswahrnehmungen orientieren zu können. Stereotype helfen dabei, die Komplexität der Einflüsse zu reduzieren.[315] Auf ähnliche Reize innerhalb einer Kategorie folgen in der Regel Reaktionen nach einem relativ ähnlichen Muster. Dadurch ist eine schnelle, unkomplizierte und weniger komplexe Reaktion möglich.[316] Somit werden auch Menschen, denen man begegnet, Kategorien zugeteilt, um sich einen Überblick zu verschaffen. Dies ist vor allem bei der ersten Begegnung der Fall. Solche Kategorien sind zum Beispiel Geschlecht, Religion (falls sichtbare Merkmale die Religion zu erkennen geben) oder Ethnie.[317] Teilweise sind auch schon vor der ersten Begegnung mit einer fremden Person oder Gruppe Stereotype im eigenen Denken

---

311 Erll; Gymnich, 2007:73
312 Volkmann, 2002:19
313 Geier, 2007:77, Kumbruck; Derboven, 2005:12
314 Geier, 2007:77
315 Erll; Gymnich, 2007:73
316 Geier, 2007:77f
317 Kumbruck; Derboven, 2005:12

vorhanden, da insbesondere die Medien zur Verbreitung und Festigung von Stereotypen beitragen.[318]

Stereotype sind nicht zu vermeiden, allerdings können sie sowohl eine positive als auch eine negative Funktion haben. Als erste Orientierungshilfe, die als vorläufig und revidierbar angesehen wird, können sie sich positiv auf die Kommunikation und Interaktion auswirken, da sie eventuelle Gemeinsamkeiten aufdecken und somit die Kommunikation fördern können. Es ist jedoch eine gewisse Offenheit gegenüber neuen, vielleicht sogar gegensätzlichen Informationen, erforderlich. Zudem sollten sie nicht wertend gebraucht werden. Als „unkritische Verallgemeinerungen"[319] hingegen können sie Barrieren zwischen Personen oder Gruppen schaffen bzw. betonen. Dies kann sich wiederum hemmend auf die Kommunikation und Interaktion auswirken und zur Festigung von Vorurteilen führen. Stereotype bestimmen stark das Ansehen einer Gruppe oder Gesellschaft.[320] Sie sind allgegenwärtig, eine Abschaffung von Stereotypen ist nicht realistisch. Stereotype sind jedoch nicht statisch, sondern können sich mit der Zeit verändern.[321]

Stereotype und *Vorurteile* liegen nah beieinander und sind teilweise schwer voneinander abzugrenzen.[322] Alexander Thomas definiert den Begriff des Vorurteils als „unkorrekte und starre Beurteilung sozialer Sachverhalte und Objekte, die mit einer negativen Bewertung, wie Abwertung, Ablehnung und Diskriminierung, verbunden ist."[323] Vorurteile basieren meist auf Vermutungen, ohne Kenntnisse über die tatsächliche Sachlage und Fakten. Sie implizieren gegenüber Stereotypen eine gewisse Haltung denjenigen gegenüber, gegen die sie sich richten.[324] Bei Vorurteilen werden nicht die einzelnen Individuen betrachtet, sondern nur die Mitglieder der Gruppe. Zudem sind Vorurteile „außerordentlich veränderungsresistent."[325] Sie lassen sich weder schnell auflösen noch ändern, eher verstärken sie sich. Es herrscht kein großer Abstand zwischen Vorurteilen und Diskriminierung, auch wenn Vorurteile nicht zwangsweise zu Diskriminierung führen müssen.[326] Stereotype und Vorurteile erfüllen aber auch gewisse Funktionen, wie zum Beispiel eine Orientierungs-, Anpassungs- oder Abwehrfunktion.[327]

---

318 Erll; Gymnich, 2007:74, Forstner, 2005:19
319 Erll; Gymnich, 2007:73
320 Kumbruck; Derboven, 2005:12, Baumer, 2002:51
321 Geier, 2007:76,79
322 Geier, 2007:83
323 Thomas, In: Thomas (Hrsg.), 2000:14
324 Geier, 2007:79f
325 Thomas, In: Thomas (Hrsg.), 2000:17,21
326 Geier, 2007:82
327 Thomas, In: Interculture Journal, 2006:4f, Geier, 2007:79f

5.3 Interkulturelles Training

5.3.1 Definition und Entwicklung

Die Vermittlung interkultureller Kompetenz erfolgt heute vor allem in der Form von interkulturellen Trainings. Nach Alexander Thomas umfasst ein interkulturelles Training alle Maßnahmen, die zum interkulturellen Lernen und dem Erwerb von interkultureller Handlungskompetenz beitragen und diese fördern.[328] Interkulturelle Trainings finden in Form von Trainingsseminaren statt, in denen die Lerngruppe die jeweils fremde Kultur kennenlernen, Vorurteile und Missverständnisse beseitigen sowie über die eigene kulturelle Prägung reflektieren kann.

Die ersten interkulturellen Trainings wurden in den 1960er Jahren in den USA aufgrund erhöhter Misserfolge amerikanischer Unternehmen bei Auslandsunternehmungen entworfen. Seitdem gab es eine Vielzahl von Entwicklungen, die Trainingsrichtungen, Methoden und Schwerpunkte betrafen. Während interkulturelle Trainings früher überwiegend für die Vorbereitung von Firmen bzw. Mitarbeitern auf Auslandsaufenthalte verwendet wurden, werden sie heute auch immer mehr eingesetzt, um Firmenmitarbeiter zu trainieren, die zwar international tätig sind, jedoch ihr Heimatland nicht verlassen. In Deutschland kamen interkulturelle Trainings vermehrt in den 80er Jahren auf.[329]

5.3.2 Trainingsarten

Es kann zwischen kulturspezifischen und kulturallgemeinen Trainings unterschieden werden. Während sich kulturspezifische Trainings vor allem auf die Kulturstandards und Kulturdimensionen des jeweiligen Landes konzentrieren, zudem Informationen wie Daten, Fakten und Verhaltensregeln über das jeweilige Land geben, beschäftigen sich kulturallgemeine Trainings mit allgemeinen Aspekten kultureller Begegnungen und wollen ein Bewusstsein für kulturbedingte

---
328 Kinast, In: Thomas; Kinast; Schroll-Machl (Hrsg.), 2005:183
329 Kinast, In: Thomas; Kinast; Schroll-Machl (Hrsg.), 2005:181f, Erll; Gymnich, 2007:152

Unterschiede schaffen. Es geht hier sowohl um „self awareness" (Selbstwahrnehmung) als auch um „cultural awareness" (kulturelle Wahrnehmung). Es soll interkulturelle Sensibilität geschaffen, zudem über die eigene Kultur reflektiert und Unvoreingenommenheit, was kulturelle Unterschiede betrifft, gefördert werden.[330]

Nach Thomas unterscheiden sich interkulturelle Trainings auch hinsichtlich ihres jeweiligen didaktischen Ansatzes. Daraus ergeben sich folgende Trainingsarten: das informationsorientierte Training, welches Daten und Fakten über das Gastland vermittelt sowie Informationen über die dortigen Arbeits- und Lebenssituationen. Die Vermittlung erfolgt unter anderem in Form von Vorträgen, Filmen und Fallbeispielen. Der Vorteil dieses Trainingstyps ist, dass die Teilnehmer handfeste Informationen über das jeweilige Land bekommen. Nachteile sind darin zu sehen, dass überwiegend kognitive Methoden verwendet werden. Zudem kann ein Überangebot an Informationen dazu führen, dass diese unreflektiert übernommen und angewandt werden. Dies kann die Festigung bereits bestehender Vorurteile zur Folge haben.

Die zweite Trainingsart ist das kulturorientierte Training. Hier geht es darum, aufzuzeigen, inwieweit die eigene Kultur Einfluss auf das eigene Verhalten hat. Zudem wird auf die Unterschiede zwischen Kulturen hinsichtlich der jeweilig zugrundeliegenden kulturellen Prägungen hingewiesen. Es werden überwiegend erlebnisorientierte Trainingsmethoden angewandt, also interkulturelle Rollenspiele und Fallbeispiele. Der Inhalt ist mehr kulturallgemein als kulturspezifisch. Der Vorteil dieser Trainingsart ist die Reflexion über die eigene kulturelle Prägung sowie die emotionale Auseinandersetzung mit der eigenen und der fremden Kultur. Die Förderung der interkulturellen Handlungskompetenz steht mehr im Vordergrund als die Informationsvermittlung. Es bleibt jedoch die Frage offen, ob das Gelernte anschließend auch tatsächlich umgesetzt werden kann.[331]

Ein weitere Art, die Thomas unterscheidet, ist das interaktionsorientierte Training. Hierbei soll ebenfalls der Einfluss der Kultur auf das Verhalten verdeutlicht werden. Dabei richtet es sich auf direkte Zielpersonen im Ausland (*resource people*). Der Inhalt ist kulturspezifisch. Es werden sowohl wissens- als auch erlebnisorientierte Trainingsmethoden angewandt, zum Beispiel Rollenspiele und Kommunikationsübungen. Zudem werden wahrscheinliche Interaktionssituationen, die in den ersten Wochen des Auslandsaufenthalts auftreten können, simuliert, analysiert und diskutiert, um Missverständnisse und Unsicherheiten zu beseitigen. Eine Möglichkeit ist in diesem Zusammenhang das bikulturelle Training. Bei bikulturellen

---

330 Podsiadlowski, 2004:134, Kinast, In: Thomas; Kinast; Schroll-Machl (Hrsg.), 2005:181f
331 Kinast, In: Thomas; Kinast; Schroll-Machl (Hrsg.), 2005:186f

Trainings sind Teilnehmer beider Kulturen anwesend, so dass sich die Kulturen durch direkten Kontakt und Kommunikation kennenlernen können. Dabei muss beachtet werden, dass auch das Lernen kulturell geprägt ist. Der Trainer muss die unterschiedlichen Arten des Lernens berücksichtigen und respektieren. Bikulturelle Trainings sind nicht in allem Kulturen gleichermaßen möglich, da zum Beispiel in manchen Kulturen die Wahrung des Gesichts von großer Bedeutung ist und daher bei offener Kommunikation und direktem Feedback Zurückhaltung gezeigt wird.[332] In das Training kann zugleich auch Fremdsprachenunterricht integriert werden. Der Vorteil solcher Trainings ist, dass „die Teilnehmer zur direkten und aktiven Auseinandersetzung mit der fremden Kultur und zu situativem Handeln veranlasst werden."[333] Hilfreich sind dabei bikulturelle Trainertandems, also jeweils ein Trainer oder eine Trainerin für eine Kultur. Damit ist gegeben, dass beide Trainer über sehr gute Kenntnisse und Kompetenz der eigenen Kultur verfügen. Die Trainer oder Trainerinnen können sich gegenseitig ergänzen und stützen. Somit wird die Authentizität des Trainings gesteigert. Es kann zudem ein Modell für erfolgreiche interkulturelle Zusammenarbeit geschaffen werden.[334] Mit zwei oder mehreren Trainern ist auch eine größere Teilnehmerzahl möglich. Der Nachteil ist das Problem der Auswahl der resource people, da sie sich bereits reflexiv mit der eigenen und auch mit der fremden Kultur auseinandergesetzt haben sollten. Außerdem sind solche Trainings mit einem höheren Aufwand und somit auch mit mehr Kosten verbunden.

Die letzte Trainingsart ist das verstehensorientierte Training. Da Kognitionen als handlungssteuernd angenommen werden, wird in verstehensorientierten Trainings Wissen über eine spezifische Kultur vermittelt. Der Teilnehmer soll nach Alexander Thomas im Training über folgendes informiert werden: das fremdkulturelle Handlungswissen, also das Wissen darum, dass sich Mitglieder anderer Kulturen in bestimmten Situationen gegebenenfalls anders verhalten als man selbst. Für dieses andere Verhalten sollen die Gründe bekannt sein. Dies wird als *kulturell isomorphe Attribution* bezeichnet. Zudem sei es notwendig *kulturelle Antizipation* zu erlernen, d.h. das von einem selbst erwartete Verhalten und die Auswirkungen des eigenen Verhaltens auf das Gegenüber zu kennen. Hinzu kommt die *interkulturelle Wertschätzung*, also die Erkenntnis, dass man aus kulturellen Unterschieden auch einen Nutzen für das Erreichen gemeinsamer Ziele ziehen kann.[335] Im Training werden überwiegend die Kulturstandards der jeweiligen Kulturen behandelt und wissensorientierte Methoden verwendet.[336]

---

332 Podsiadlowski, 2004:139ff
333 Kinast, In: Thomas; Kinast; Schroll-Machl (Hrsg.) 2005:189
334 Kammhuber; Schmid, In: Otten; Scheitza; Cnyrim(Hrsg.), 2007:246
335 Kinast, In: Thomas; Kinast; Schroll-Machl (Hrsg.), 2005:188f
336 Zu Trainingsarten siehe auch Kammhuber, 2000:9,17f

Thomas unterscheidet zudem drei Trainingsarten nach dem Zeitpunkt. Orientierungstrainings finden vor dem jeweiligen Auslandsaufenthalt statt, Verlaufstrainings finden während des Auslandsaufenthalts begleitend und Reintegrationstrainings kurz vor der Rückkehr ins Heimatland statt. Orientierungstrainings sind derzeit dominant, jedoch wird von einer steigenden Tendenz zu Verlaufs- und Reintegrationstrainings ausgegangen. Der Zeitpunkt, der für ein Training gewählt wird, kann großen Einfluss auf seine Wirkung haben. Wenn das Training zu früh stattfindet, besteht die Gefahr, dass die Teilnehmer nicht genügend motiviert sind und weniger aktiv teilnehmen, da für sie die Abreise noch in weiter Ferne liegt. Ist das Training zu einem Zeitpunkt kurz vor Abreise angelegt, so kann es passieren, dass die Teilnehmer gedanklich zu sehr mit der Organisation ihrer Abreise beschäftigt und daher abgelenkt sind, weshalb sie ebenfalls weniger aktiv und motiviert sind. Ein guter Zeitpunkt für ein Orientierungstraining sei daher zwischen sechs und acht Wochen vor Abreise, ein Verlaufstraining sollte in den ersten acht bis zwölf Wochen im Ausland stattfinden und ein Reintegrationstraining spätestens vier Wochen vor der Heimkehr.[337]

5.3.3 Ziele und Methoden des Trainings

Ziel interkultureller Trainings ist die Vermittlung interkultureller Handlungskompetenz. Diese soll unter anderem zu einem verbesserten Handlungserfolg führen. Interkulturelle Trainings wollen mehr Verständnis und Toleranz für die eigene und die fremde Kultur schaffen und interkulturelle Begegnungen und Zusammenarbeit verbessern, so dass sowohl die Leistungen als auch die Zufriedenheit der gemeinsamen Zusammenarbeit und Interaktion erhöht werden können.[338] Dabei wird zwischen der affektiven, der kognitiven und der behavioralen Handlungskomponente unterschieden, welche bei interkulturellen Trainings gefördert werden sollen. Unter der affektiven Handlungskomponente wird die emotionale Selbstkontrolle bei der Begegnung mit Mitgliedern anderer Kulturen verstanden, die kognitive Handlungskomponente umfasst das Wissen über kulturbedingte Unterschiede der jeweiligen Orientierungssysteme und die behavioraler Handlungskomponente beinhaltet die Aneignung von Verhaltensweisen der anderen Kultur.[339]

Bei interkulturellen Trainings können zwei unterschiedliche Methoden angewandt werden. So gibt es zum einen die wissensorientierte Trainingsmethode, die sich auf die Vermittlung von Wissen und

---
337 Kinast, In: Thomas; Kinast; Schroll-Machl (Hrsg.), 2005:185f
338 Podsiadlowski, 2004:133, Kinast, In: Thomas; Kinast; Schroll-Machl (Hrsg.), 2005:183
339 Kinast, In: Thomas; Kinast; Schroll-Machl (Hrsg.) 2005:183

Fakten über die jeweilige Kultur konzentriert. Dies geschieht überwiegend mit Hilfe von Filmen und Vorträgen. Zum anderen gibt es die erlebnisorientierte Methode. Diese Methode ist mehr mit Interaktion verbunden. Es werden Rollenspiele und Fallbeispiele hinzugezogen, die die Teilnehmer in eine jeweilige Situation versetzen und somit den Lerneffekt erhöhen sollen. Meist wird eine Mischung aus beiden Methoden angewandt.[340]

5.3.4 Erfolgreiches Training

Interkulturelle Trainings sind desto erfolgreicher, je näher sie den Aufgaben, Interaktionspartnern, Anwendungsfeldern und Situationen kommen, welche die Teilnehmer zu erwarten haben. Die verschiedenen Trainingsmethoden sollten auf die Bedürfnisse der Lerngruppe abgestimmt und kombiniert werden, damit die Lerngruppe aktiv teilnehmen möchte und kann.[341] Zudem sollten die Teilnehmer das Training nicht mit ungeklärten Fragen oder Unsicherheiten verlassen, vielmehr müssen „Aha"-Effekte gefördert werden, damit die Gruppe das Training motiviert und mit konstruktiven Vorsätzen verlässt. Es ist daher auch sinnvoll, das Training nicht am Arbeitsplatz stattfinden zu lassen. Des weiteren werden Nachtreffen (*Follow-Up-Workshops*) und begleitende Schulungen empfohlen, um das Gelernte zu festigen und eventuell auftretenden Unsicherheiten zu begegnen.[342]

Laut der deutschen Psychologin Astrid Podsiadlowski sollte der Trainer oder die Trainerin nicht nur fachlich kompetent sein, sondern ebenfalls soziale und pädagogische Fähigkeiten besitzen, offen, flexibel, enthusiastisch und motivierend sein. Auch sollte er oder sie ein Gefühl dafür haben, welche Themenbereiche eventuell Probleme oder Unverständnis hervorrufen, um auf diese vermehrt eingehen zu können. Es ist empfehlenswert, zuerst auf die kulturellen Unterschiede einzugehen, bevor man anschließend nach Gemeinsamkeiten sucht und darauf eingeht. In einer anderen Reihenfolge kann es passieren, dass Stereotype und Vorurteile gefestigt werden.[343]

Die Fähigkeiten und Kompetenzen des Trainers oder der Trainerin haben großen Einfluss auf die Lerneffekte und -erfolge der Teilnehmer.[344] Um eine optimale Arbeitsatmosphäre zu schaffen, darf

---
340 Podsiadlowski nimmt eine Unterteilung der Methoden in didaktische und erfahrungsorientierte Methoden vor; Podsiadlowski, 2004:139
341 Kinast, In: Thomas; Kinast; Schroll-Machl (Hrsg.), 2005:184
342 Podsiadlowski, 2004:148
343 Podsiadlowski, 2004:144
344 Kammhuber; Schmid, In: Otten; Scheitza; Cnyrim (Hrsg.), 2007:240

die Teilnehmergruppe nicht zu groß sein.[345] Da die Dauer des Trainings ebenfalls Einfluss auf dessen Erfolg und Wirkung hat, sollte auch diese gut überlegt sein. In der Regel umfasst ein interkulturelles Training ein bis drei Tage.[346]

Neben interkulturellen Trainings gibt es mittlerweile auch eine Vielzahl an interkulturellen *Coaching*-Angeboten. Dabei handelt es sich um Einzelsitzungen, in denen Personen auf einen Auslandsaufenthalt oder sonstige interkulturelle Tätigkeiten vorbereitet werden.[347]

5.4 Moderne Theorien und Methoden der Kulturvermittlung

5.4.1 Das Modell der Kulturdimensionen

Kulturdimensionen dienen dazu, Kulturen und somit auch kulturbedingte Unterschiede zu beschreiben. Kulturdimension-Modelle machen Kulturstandards an bestimmten Grunddimensionen des menschlichen Verhaltens fest und charakterisieren die verschiedenen Kulturen anhand dieser Dimensionen.[348] Die den Dimensionen zugrundeliegenden Werte und Überzeugungen einer Kultur, die letztlich die jeweiligen Verhaltensweisen erklären, haben die Funktion, dabei zu helfen, andere Kulturen zu verstehen. Zugleich können durch Kulturdimensionen nicht nur Unterschiede, sondern auch Gemeinsamkeiten zwischen Kulturen festgestellt und deutlich gemacht werden.[349] Kulturdimensionen abstrahieren Aspekte einer jeden Kultur und ermöglichen somit einen direkten Vergleich zwischen Kulturen. Im Folgenden stelle ich drei Wissenschaftler vor, die sich mit Kulturdimensionen auseinandergesetzt haben:

Der Niederländer Geert Hofstede gilt als Pionier des Kulturdimensionen-Modells. Er unterscheidet fünf Dimensionen, wobei die fünfte erst im Nachhinein ergänzend hinzugefügt wurde. Diese Dimensionen resultieren aus der Auswertung der IBM-Studie in den 1980er Jahren, in der 116 000 Mitarbeiter des multinationalen Computerkonzerns in 40 Ländern mit Hilfe der

---

Weitere Trainerkompetenzen: Kammhuber; Schmid, In: Otten; Scheitza; Cnyrim (Hrsg.), 2007:249
345 Podsiadlowski, 2004:149
346 Kinast, In: Thomas; Kinast; Schroll-Machl (Hrsg.), 2005:185, Podsiadlowski, 2004:148,
    Kammhuber; Schmid, In: Otten; Scheitza; Cnyrim (Hrsg.), 2007:238
347 Kammhuber; Schmid, In: Otten; Scheitza; Cnyrim (Hrsg.), 2007:238
348 Layes, In: Thomas; Kinast; Schroll-Machl (Hrsg.), 2005:60f
349 Podsiadlowski, 2004:10ff

Fragenbogentechnik hinsichtlich ihrer arbeitsbezogenen Wertvorstellungen untersucht wurden.[350] Hofstedes Untersuchungen wurden in insgesamt 20 Sprachen übersetzt und fanden dadurch Anwendung in über 50 Ländern.[351] Die Messung der einzelnen Dimensionen erfolgt durch von Hofstede entwickelte Indizes.

Der Amerikaner Edward T. Hall betrachtet Unterschiede zwischen Kulturen aus einer anthroplogischen Perspektive.[352] Er geht davon aus, dass es gemeinsame „threads"[353] gibt, die alle Kulturen betreffen.[354] Daraus leitet er drei Dimensionen ab.

Der Niederländer Fons Trompenaars hat in den 1990er Jahren ein anderes Dimensionen-Modell entworfen, dem die bereits vorhandenen Modelle, so zum Beispiel das Modell von Hofstede sowie seine eigenen beruflichen Erfahrungen zugrunde liegen.[355] Die verwendeten Daten, die die Belege für seine Dimensionen liefern, stammen aus 30 wirtschaftlichen Unternehmen, die in 50 verschiedenen Ländern Niederlassungen haben.[356] Trompenaars ist der Auffassung, dass „jede Kultur sich von anderen unterscheidet durch die spezifische Art, wie sie mit gewissen Problemen umgeht."[357] Demnach ergeben sich drei Kategorien. Aus diesen drei übergeordneten Kategorien lassen sich insgesamt sieben Dimensionen ableiten.

Die drei vorgestellten Forscher haben Modelle entwickelt, die sich zum Teil auf dieselben Aspekte von Kulturen beziehen. Die Erläuterung der Modelle erfolgt daher entlang der gemeinsamen Dimensionen, wobei ich anschließend auch auf Unterschiede zwischen den einzelnen Modellen eingehe.

---

350 Podsiadlowski, 2004:11, Layes, In: Thomas; Kinast; Schroll-Machl (Hrsg.), 2005:61
351 Layes, In: Thomas; Kinast; Schroll-Machl (Hrsg.), 2005:61
352 Breuninger; Brönneke, 2006:13,
    Halls Ansatz erschien Ende der 1980er Jahre
353 „threads" wurde übersetzt mit Fäden bzw. Stränge
354 Hall, 1990:3
355 Breuninger; Brönneke, 2006:14
356 Trompenaars, 1993:12
357 Trompenaars, 1993:21

5.4.1.1 Individualismus versus Kollektivismus

Diese Dimension ist bei Geert Hofstede und Fons Trompenaars ähnlich. Hofstede definiert sie wie folgt:

> „Individualismus beschreibt Gesellschaften, in denen die Bindungen zwischen den Individuen locker sind; man erwartet von jedem, dass er für sich selbst und für seine unmittelbare Familie sorgt. Sein Gegenstück, der Kollektivismus, beschreibt Gesellschaften, in denen der Mensch von Geburt an in starke, geschlossene Wir-Gruppen integriert ist, die ihn ein Leben lang schützen und dafür bedingungslose Loyalität verlangen."[358]

Ein Merkmal kollektivistischer Kulturen, zu denen auch Indien gehört,[359] ist zum einen die Bedeutung der Familie bzw. Gemeinschaft. Mitglieder solcher Gesellschaften nehmen sich als Teil einer „Wir"-Gruppe wahr und handeln danach. Die „Wir"-Gruppe ist entscheidend für die Identitätsbildung seiner Mitglieder. Arbeit, Verantwortung sowie Ressourcen werden geteilt.[360] Die Wahrung des Gesichts spielt eine bedeutende Rolle, unangemessenes Handeln des Einzelnen hat zugleich Auswirkungen auf das Ansehen der ganzen Familie oder Gruppe.

In individualistischen Gesellschaften wie Deutschland stehen die individuellen Interessen im Vordergrund. Man begreift sich nicht als Teil eines „Wir", sondern als „Ich". Ressourcen und Besitztümer sind individuell, auch bei Kindern. Ein Beispiel hierfür ist das Taschengeld. Fehlverhalten hat allein Auswirkungen auf die individuelle Selbstachtung.[361]

Hofstede behauptet sogar, dass man Individuen anhand der Schrittgeschwindigkeit der individualistischen (höhere Schrittgeschwindigkeit) oder der kollektivistischen (niedrigere Schrittgeschwindigkeit) Gesellschaftsform zuordnen könne.[362]

Kollektivistische und individualistische Gesellschaften unterscheiden sich auch hinsichtlich ihrer Art der Kommunikation. In kollektivistischen Kulturen herrscht High-context-Kommunikation vor, während in individualistischen Gesellschaften eher Low-context-Kommunikation üblich ist. Edward T. Hall hat diesem Phänomen eine eigene Kulturdimension namens *high-context versus*

---

358 Hofstede, 2006:102
359 Kakar, 2006:16
360 Trompenaars, 1993:73
361 Hofstede, 2006:123
362 Hofstede, 2006:130

low-context gewidmet. Als Kontext versteht man in diesem Zusammenhang „the information that surrounds an event."[363] High-context-Kulturen wie Indien zeichnen sich dadurch aus, dass viele Informationen in den Personen und der Situation enthalten sind und nicht allein in der direkten Botschaft. Persönlicher Kontakt und zwischenmenschliche Beziehungen sind von großer Bedeutung. In Low-context-Kulturen wie Deutschland[364] hingegen werden Informationen fast ausschließlich der Botschaft entnommen.[365]

Diese Dimension Halls überschneidet sich mit einer weiteren Dimension von Fons Trompenaars, die er *spezifisch contra diffus* nannte. Spezifische Gesellschaften entsprechen dem, was Hall Low-context-Kulturen genannt hat, analog entsprechen diffuse Gesellschaften dem, was Hall als High-context-Kulturen bezeichnete. Unter Kontext versteht man in diesem Sinne, wie viele Informationen notwendig sind, bevor zufriedenstellende Kommunikation möglich wird.[366] Bei spezifischen Gesellschaften, also mit niedrigem Kontext, sind die einzelnen Lebensbereiche und die jeweiligen Rollen in diesen voneinander getrennt, so zum Beispiel Arbeits- und Lebensbereich.[367] Der Vorgesetzte zum Beispiel ist nur im Arbeitsbereich die Führungsperson, privat aber legt er diese Rolle ab. Spezifische Kulturen zeichnen sich außerdem dadurch aus, dass sie direkter kommunizieren. Ihr Verhalten ist direkt, genau und durchschaubar. Ihre Werte- und Moralvorstellungen sind personenunabhängig.[368] In diffusen Gesellschaften, also mit hohem Kontext, durchdringen sich die einzelnen Lebensbereiche und Rollen. Der Vorgesetzte bleibt auch außerhalb des Arbeitsbereiches eine Autoritätsperson und wird als solche behandelt.[369] Das Verhalten ist ausweichend, taktvoll und nicht durchschaubar. Das eigentliche Anliegen wird umkreist, man kommuniziert indirekter. Eine wichtige Rolle spielt in diffusen Gesellschaften auch der Gesichtsverlust, sowohl für sich selbst als auch für andere. Daher werden direkte Konfrontationen vermieden. Werte- und Moralvorstellungen sind abhängig von den betroffenen Personen und der jeweiligen Situation.[370]

---

363 Hall, 1990:6
364 Hall, 1990:9
365 Hall, 1990:6,23
366 Trompenaars, 1993:109,121
367 Trompenaars, 1993:109,117
368 Trompenaars, 1993:132
369 Trompenaars, 1993:109
370 Trompenaars, 1993:116,132

5.4.1.2 Zeit

Das Zeitverständnis von Kulturen stellt eine weitere Dimension dar, die für alle drei Wissenschaftler eine zentrale Bedeutung hat, um Kulturen miteinander vergleichen zu können. Zeit lässt sich in die drei Kategorien Vergangenheit, Gegenwart und Zukunft unterteilen. Diese drei Kategorien beeinflussen und prägen das Verhalten und Handeln der Menschen, jedoch werden sie in unterschiedlichen Kulturen verschieden gewichtet.[371]

Hall unterscheidet zwischen *monochronen* und *polychronen* Kulturen, Trompenaar nennt es *konsekutives* und *synchrones* Zeitverständnis. Das monochrone bzw. konsekutive Zeitverständnis ist in Low-context-Kulturen ausgeprägt. Das Verständnis von Zeit ist linear, sie verläuft gerade von der Vergangenheit in die Zukunft. Die Zeit ist genau eingeteilt, da sich immer nur auf eine Sache konzentriert wird. Daher kommt der Einhaltung des Zeitplans eine große Bedeutung zu. Abweichungen von diesem Plan führen zu Verunsicherung.[372] Pünktlichkeit ist daher wichtig. Zeit hat einen greifbaren Charakter, man kann „Zeit sparen" oder „Zeit verlieren". Störungen oder Verzögerungen sind unerwünscht. Dieses Verständnis von Zeit ist von Schnelligkeit geprägt, daher sind zwischenmenschliche Beziehungen auch eher kurzlebig.[373]

In High-context-Kulturen herrscht ein polychrones bzw. synchrones Zeitverständnis vor. Es kann mehreren Dingen gleichzeitig Aufmerksamkeit geschenkt werden. Störungen und Verzögerungen werden akzeptiert, da Pläne oft geändert werden. Es wird mehr Wert auf zwischenmenschliche Beziehungen als auf die Einhaltung eines Zeitplans gelegt.[374] Daher sind die Beziehungen zu anderen Menschen in der Regel auch länger anhaltend.[375] Zudem unterscheiden sich Kulturen auch hinsichtlich der Betonung der Zeitabschnitte Vergangenheit, Gegenwart und Zukunft. Während einige Kulturen, so auch Indien, eher an der Vergangenheit orientiert sind, haben für andere Kulturen Gegenwart und Zukunft größerer Bedeutung, so auch in Deutschland. Das Zeitverständnis einer Kultur steht in Zusammenhang mit dem in der jeweiligen Kultur vorherrschenden Tempo und Rhythmus. Dies kann sich auch auf die Zusammenarbeit auswirken.[376]

Hofstede hat ebenfalls eine Dimension entwickelt, die das Zeitverständnis von Kulturen betrifft, sie weicht jedoch teilweise von Halls und Trompenaars Dimension ab. Diese Dimension, *Langzeitorientierung versus Kurzzeitorientierung,* ist in Verbindung mit Michael Bonds Chinese

---

371 Trompenaars, 1993:157f,161
372 Trompenaars, 1993:161ff
373 Hall, 1990:13ff
374 Trompenaars, 1993:163f
375 Hall, 1990:14f, Kakar, 2006:20
376 Hall, 1990:17f

Value Survey (CVS) entstanden und wurde von Hofstede nicht lange nach Veröffentlichung seiner vier Kulturdimensionen hinzugefügt.

> „Langzeitorientierung steht für das Hegen von Tugenden, die auf künftigen Erfolg hin ausgerichtet sind, insbesondere Beharrlichkeit und Sparsamkeit. Das Gegenteil, die Kurzzeitorientierung, steht für das Hegen von Tugenden, die mit der Vergangenheit und der Gegenwart in Verbindung stehen, insbesondere Respekt für Traditionen, Wahrung des „Gesichts" und die Erfüllung sozialer Pflichten."[377]

Langzeitorientierte Länder zeichnen sich unter anderem durch nicht nachlassende Anstrengung bei der Zielerreichung, persönliche Anpassungsfähigkeit sowie durch Schamgefühl aus. Kurzzeitorientierte Länder dagegen sind eher gekennzeichnet durch den Wunsch nach einem schnellen Erfolg bei Anstrengungen, der Betonung persönlicher Stabilität und der Wichtigkeit des Gesichtwahrens.[378]

5.4.1.3 Weitere Dimensionen

Neben den aufgezeigten Gemeinsamkeiten der Kulturdimensionen von Hofstede, Hall und Trompenaars lassen sich auch einige Unterschiede bzw. andere Schwerpunkte zwischen den Modellen feststellen. So hat Hofstede eine weitere Dimension herausgefunden, die er *Machtdistanz* nannte. Die Dimension wird definiert als:

> „das Ausmaß, bis zu welchem die weniger mächtigen Mitglieder von Institutionen bzw. Organisationen eines Landes erwarten und akzeptieren, dass Macht ungleich verteilt ist."[379]

In Ländern mit weniger Machtdistanz findet Interdependenz, also begrenzte Abhängigkeit und ein konsultativer Führungsstil zwischen Arbeitnehmern und Arbeitgebern statt, während in Ländern mit höherer Machtdistanz Kontradependenz vorherrscht, d.h. mehr Abhängigkeit und ein

---
[377] Hofstede, 2006:292f
[378] Hofstede, 2006:295
[379] Hofstede, 2006:59

autokratischer Führungsstil.[380] Indien und andere asiatische Länder haben relativ hohe Machtdistanzwerte.[381] Bei Ländern mit hoher Machtdistanz besteht eine akzeptierte und sogar erwünschte Abhängigkeit, sowohl zwischen Arbeitgebern und Arbeitnehmern, als auch zwischen Eltern und Kindern (Kinder sind ihren Eltern und älteren Verwandten gegenüber zu Gehorsam und Respekt verpflichtet) sowie zwischen Lehrern und Schülern (der Unterricht geht allein vom Lehrer aus).[382] In Ländern mit niedrigerer Machtdistanz sollte die Ungleichheit zwischen Menschen so niedrig wie möglich sein. Kinder werden gleichberechtigt behandelt und behandeln ihre Eltern ebenfalls wie Ihresgleichen.[383]

Eine weitere Dimension von Hofstede lautet *Maskulinität versus Femininität*.

„Eine Gesellschaft bezeichnet man als maskulin, wenn die Rollen der Geschlechter emotional klar gegeneinander abgegrenzt sind: Männer haben bestimmt, hart und materiell orientiert zu sein, Frauen dagegen müssen bescheidener, sensibler sein und Wert auf Lebensqualität legen. Als feminin bezeichnet man eine Gesellschaft, wenn sich die Rollen der Geschlechter emotional überschneiden: sowohl Frauen als auch Männer sollen bescheiden und feinfühlig sein und Wert auf Lebensqualität legen."[384]

Deutschland und Indien zählen zu den maskulinen Gesellschaften. Merkmale für maskuline Gesellschaften sind unter anderem die Wichtigkeit von Herausforderung und Fortschritt sowie das Einkommen. Zudem sollen die Männer in der Gesellschaft ehrgeizig und durchsetzungsfähig sein. Jungen weinen nicht, Mädchen ist es jedoch gestattet. Frauen sollen sensibel sein und sich um die Pflege zwischenmenschlicher Beziehungen kümmern. Bei femininen Gesellschaften haben zwischenmenschliche Beziehungen und die Lebensqualität einen höheren Stellenwert. Von beiden Geschlechtern wird Bescheidenheit erwartet. Sensibel zu sein ist nicht allein Frauen vorbehalten.[385]

Die vierte Dimension von Hofstede ist die *Unsicherheitsvermeidung*. Dieser Begriff stammt ursprünglich aus der Organisationssoziologie und bezieht sich auf die Angst der Uneindeutigkeit von Situationen sowie den Mitteln zu ihrer Linderung in den jeweiligen Gesellschaften. Ungewissheit ist nicht nur ein persönliches Gefühl, sondern wird zum Teil auch in der jeweiligen Gesellschaft geteilt. Bei Unsicherheitsgefühlen, wie auch bei allen zuvor genannten Dimensionen,

---
380 Hofstede, 2006:58f
381 Kakar, 2006:25
382 Kakar, 2006:26
383 Hofstede, 2006:71
384 Hofstede, 2006:165
385 Hofstede, 2006:179

handelt es sich um etwas, was innerhalb der Gesellschaft von Generation zu Generation weitergegeben und somit während der Sozialisation erlernt wird. Definiert wird Unsicherheitsvermeidung als „der Grad, bis zu dem die Mitglieder einer Kultur sich durch uneindeutige oder unbekannte Situationen bedroht fühlen."[386] Die kulturellen Unterschiede die Vermeidung von Unsicherheit betreffend sind „ursprünglich als Nebenprodukt von Machtdistanz entdeckt worden."[387] Bei der eigentlich beabsichtigten Untersuchung von Stress am Arbeitsplatz stieß man auf diese Dimension.[388]

Unsicherheitsvermeidung darf jedoch nicht gleichgesetzt werden mit Risikovermeidung. Zwar wird in Ländern mit hoher Unsicherheitsvermeidung versucht, die Uneindeutigkeiten von Situationen zu reduzieren; um dies zu erreichen, ist man jedoch vermehrt bereit, Risiken einzugehen. Hofstede demonstrierte dies anhand der Autobahnhöchstgeschwindigkeit der jeweiligen Länder. Die Unsicherheitsvermeidung und die Höchstgeschwindigkeit korrelieren positiv, d.h. „stärkere Unsicherheitsvermeidung bedeutet schnelleres Fahren",[389] da es sich bei schnellem Fahren um ein bekanntes Risiko handelt. Kulturen mit hoher Unsicherheitsvermeidung neigen zu Stress und Dringlichkeit, welche sie demnach zu schnellem Fahren veranlassen, wohingegen in Ländern mit geringerer Unsicherheitsvermeidung Stress und Dringlichkeitsgefühle weniger ausgeprägt sind. Risiken werden sowohl in bekannter als auch unbekannter Form akzeptiert.[390] Weitere Merkmale für Kulturen mit hoher Unsicherheitsvermeidung sind unter anderem ein ständiges Gefühl von Bedrohung durch die Unsicherheit, das Zeigen von Aggressionen und Angst zu gegebenen Zeitpunkten, strenge Regeln bei der Kindererziehung sowie die Auffassung, dass das, was anders ist, zugleich auch gefährlich sei. Bei Ländern mit niedrigerer Unsicherheitsvermeidung werden Emotionen und Stress nicht gezeigt, für Kinder gelten lockerere Regeln. Unsicherheit wird als normaler Bestandteil des Lebens aufgefasst und akzeptiert. Zudem wird Fremdes nicht als gefährlich angesehen, lediglich als seltsam.[391]

Eine weitere Dimension von Edward Hall, die sich bei den beiden anderen Modellen nicht findet, betrifft den *Raum*. Damit ist sowohl das Territorium im räumlichen Sinne, als auch Raum im Sinne von körperlicher Nähe gemeint. Bezogen auf das Territorium gibt es kulturell erlernte Unterschiede in dem Bedürfnis, etwas als Eigentum bezeichnen zu können sowie der Reaktion, wenn ein Fremder dieses Eigentum berührt.[392] Die körperliche Nähe betreffend, hat jeder Mensch einen

---

386 Hofstede, 2006:233
387 Hofstede, 2006:231
388 Hofstede, 2006:231f
389 Hofstede, 2006:239
390 Hofstede, 2006:239f
391 Hofstede, 2006:244
392 Hall, 1990:10

gewissen persönlichen Bereich, eine „invisible bubble of space",[393] die nur unter bestimmten Umständen und von bestimmten Personen betreten werden darf. In einigen Kulturen, so auch in Deutschland, ist dieser persönliche Bereich größer. Hält ein Fremder zum Beispiel im Gespräch nicht genug Distanz, kann dies dazu führen, dass das Gegenüber sich unwohl oder bedrängt fühlt und ausweicht. In anderen Kulturen, zum Beispiel Indien, ist der persönliche Bereich weniger ausgeprägt.[394]

Fons Trompenaars hat ebenfalls weitere Dimensionen entwickelt, mit denen sich die beiden vorhergehenden Wissenschaftler nicht auseinandergesetzt haben. Eine Dimension Trompenaars wird als *Universalismus contra Partikularismus* bezeichnet. Der Fokus liegt darauf, wie das Verhalten anderer Menschen bewertet wird. Universalistische Gesellschaften fühlen sich eher verpflichtet kulturellen Standards gerecht zu werden. Die Einhaltung von Regeln steht über den zwischenmenschlichen Beziehungen. Geschäft ist Geschäft und Vertrag ist Vertrag, an den sich gehalten werden muss. Vertrauen wird demjenigen entgegengebracht, der sich an diese Regeln hält. Es gibt zudem nur eine Wahrheit oder Realität, auf die man sich einigen kann und muss.[395] Universalistische Gesellschaften neigen dazu, Konflikte vornehmlich vor Gericht auszutragen.[396] Partikularistische Gesellschaften hingegen, wie auch die indische, beziehen sich mehr auf die Situation. Was richtig oder falsch ist oder was eine Person tun oder lassen sollte, ist in hohem Maße vom jeweiligen Kontext abhängig.[397] Daraus ergibt sich, dass man sich einer Person, zum Beispiel einem Freund oder Familienmitglied, gegebenenfalls mehr verpflichtet fühlt als Regeln oder Gesetzen.[398] Abmachungen müssen veränderbar und anpassungsfähig sein. Vertrauen wird demjenigen entgegengebracht, der Veränderungen akzeptiert. Zudem kann nicht nur eine Wahrheit oder Realität möglich sein, sondern verschiedene Sichtweisen werden akzeptiert.[399] Hier findet sich der Aspekt des Kontextes wieder, diese Dimension überschneidet sich also in einigen Punkten mit dem oben genannten Zeitverständnis.

Eine weitere Dimension Trompenaars, *affektiv contra neutral,* bezieht sich auf den Ausdruck von Emotionen. In affektiven Gesellschaften, so auch in Indien, werden Emotionen öffentlich und temperamentvoll geäußert, sowohl verbal als auch nonverbal. Den Emotionen Ausdruck zu verleihen dient als Ventil. Körperkontakt ist dabei normal, auch starke Mimik und Gestik.[400] Auf

---

393 Hall, 1990:11
394 Hall, 1990:11f
395 Trompenaars, 1993:71
396 Trompenaars, 1993:59
397 Kakar, 2006:183
398 Trompenaars, 1993:52,71
399 Trompenaars, 1993:7, Kakar, 2006:181
400 Trompenaars, 1993:106

emotionales Verhalten wird in der Regel eine emotionale Reaktion erwartet.[401] In neutralen Gesellschaften wie in Deutschland hingegen werden Emotionen mehr kontrolliert und nicht öffentlich geäußert. Die Gefühle und Gedanken können höchstens an der Mimik oder Haltung erkannt werden.[402] Kühles und beherrschtes Auftreten ist angesehen und erwünscht, es findet wenig Körperkontakt statt, zudem weniger Gestik und Mimik. Auf neutrales Verhalten wird in der Regel auch mit einer neutralen Reaktion gerechnet.[403] Jedoch muss das Missverständnis vermieden werden, dass neutrale Kulturen gefühlskalt seien. Die Art und Stärke von Gefühlsäußerungen sind schlicht von Kultur zu Kultur unterschiedlichen Konventionen unterworfen.[404] Aus diesem Grund sollte man auch mit Scherzen oder ironischen Bemerkungen vorsichtig sein, da sie leicht als Kränkung empfunden werden können.[405]

Die *Statuszuweisung* an eine Person stellt eine weitere Dimension Trompenaars dar. Dabei unterscheidet er zwischen dem verliehenen Status aufgrund von erbrachter Leistung, also dem *errungenen Status* und dem verliehenen Status aufgrund von Merkmalen, also dem *zugeschriebenen Status*.[406] Bei Gesellschaften, in denen Status aufgrund von Leistungen errungen wird, zählt das *Handeln*. Man bekommt einen bestimmten Status, weil man besondere Fähigkeiten oder Arbeitserfolge vorzuweisen hat. Das Alter ist dabei weniger wichtig als die Qualifikationen der jeweiligen Person. Beziehungen sind in der Regel spezifisch und funktional.[407] Bei Gesellschaften, in denen Status zugeschrieben wird, kommt es mehr auf das *Sein* an. Status wird aufgrund gewisser Merkmale, wie Alter, Klasse, Erziehung oder Geschlecht zugewiesen.[408] So erhalten zum Beispiel ältere und somit erfahrenere Menschen einen hohen Status. Die Achtung vor Höhergestellten begründet sich in ihrer Erfahrung.[409] Indien gehört zu den Kulturen, in denen Status vor allem älteren Personen oder Mitgliedern bestimmter Familien zugeschrieben wird, da die Familie einen großen Teil zu der Identitätsbildung eines Inders beiträgt.[410] In Deutschland hingegen wird einer Person durch ihre erbrachten Leistungen ein gewisser Status verliehen.

Die letzte von Trompenaars entwickelte Dimension umfasst die Rolle der natürlichen Umwelt für den Menschen. Dabei gibt es die Möglichkeit, Natur als etwas Äußeres zu betrachten und andererseits, Natur als Teil des Menschen zu sehen. Mit Natur ist auch der Umgang mit den

---

401 Trompenaars, 1993:96
402 Trompenaars, 1993:95,106
403 Trompenaars, 1993:96,106
404 Trompenaars, 1993:95
405 Trompenaars, 1993:100
406 Trompenaars, 1993:135
407 Trompenaars, 1993:151,154
408 Trompenaars, 1993:135
409 Trompenaars, 1993:151,154
410 Kakar, 2006:16

Mitmenschen gemeint. Wenn Natur als etwas Äußeres betrachtet wird, von dem man denkt, dass man es kontrollieren und dominieren muss, spricht man von einem *selbstbestimmten Umgang mit der Natur*.[411] Wenn die Natur sich nicht kontrollieren lässt, führt dies zu Unsicherheit und Unzufriedenheit, es kann leicht zur Aggressivität der Umwelt gegenüber kommen. Die Betonung liegt vermehrt auf dem „Ich" oder auf der eigenen Gruppe. Wird Natur als Teil des Menschen gesehen, mit der man in Einklang leben möchte, so nennt man dies einen *außengeleiten Umgang mit der Natur*. Man zeigt eine hohe Kompromissbereitschaft und strebt nach Harmonie und Zugänglichkeit. Umbrüche und Störungen werden als natürlich akzeptiert. Die Betonung liegt auf den Anderen, nicht auf dem „Ich" oder der eigenen Gruppe.[412]

5.4.2 Das Modell der Kulturstandards

Während Kulturdimensionen die Strukturen von Kulturen abstrahieren, um einen kulturübergreifenden Vergleich zu ermöglichen, charakterisieren Kulturstandards die Merkmale, die dem Verhalten der Mitglieder innerhalb einer Kultur zugrundeliegen.[413] Die Kulturstandards sind in der Geschichte und anderen gesellschaftlichen Phänomenen wie Religion oder Philosophie einer Kultur verankert und daher auch relativ resistent gegenüber Veränderungen. Durch langfristigen Wandel innerhalb der Gesellschaft jedoch kann es zu Veränderungen und zur Weiterentwicklung der jeweiligen Kulturstandards kommen. Sie dürfen daher nicht als starr und unveränderlich angesehen werden.[414]

Jede Kultur hat andere Kulturstandards. Daher können Kulturstandards einer Kultur in einer anderen wiederum unbedeutend sein. Kulturstandards werden im Prozess der Sozialisation erlernt und sind daher dem Handelnden meist nicht bewusst. Erst in kritischen Interaktionserfahrungen (*critical incidents*) mit fremdem Kulturen und deren Strukturen werden die jeweiligen Kulturstandards der eigenen Kultur deutlich. Durch die Untersuchung dieser Kontaktsituationen können die Kulturstandards auf beiden Seiten identifiziert, ihr Einfluss auf das Verhalten und Handeln der Mitglieder einer Kultur untersucht und letztlich Gemeinsamkeiten sowie Unterschiede festgestellt werden.[415] Kulturstandards werden als Art des Wahrnehmens, Wertens, Denkens und

---
411 Trompenaars, 1993:197,182
412 Trompenaars, 1993:197
413 Thomas, 2005(a):24
414 Mitterer; Mimler; Thomas (Hrsg.), 2006:12
415 Geier, 2007:73

Handelns beschrieben, die unter den Mitgliedern einer Kultur vorherrschen. Sie steuern und beurteilen sowohl das eigene als auch das fremde Verhalten. Zudem regulieren sie dem Umgang mit anderen. Der Umgang mit den Kulturstandards kann in einem gewissen Rahmen individuell oder in der Gruppe variieren, auf Verhalten außerhalb der Kulturstandards wird jedoch mit Ablehnung und Sanktionen reagiert.[416]

Für Deutschland hat Alexander Thomas sieben Kulturstandards identifiziert. Dazu wurde eine Vielzahl von Mitgliedern verschiedener Kulturen, die bereits interkulturelle Erfahrungen aufweisen konnten, über den Umgang mit Deutschen befragt. Die Auswertung dieser Befragung ergab folgende Kulturstandards:

1) Sachorientierung: Die Sache steht vor der Person, 2) Regelorientierung: Regeln werden geschätzt, daher auch erwartet und gesucht, 3) Direktheit/Wahrhaftigkeit: Low-context-Kommunikation ist vorherrschend. Der direkte Weg der Kommunikation wird als der beste empfunden. Es gelten nur klare Aussagen wie „Ja" und „Nein", „Richtig" oder „Falsch", 4) Interpersonale Distanzdifferenzierung: Abstand und Zurückhalten werden erwartet, jeder ist nur für seine eigenen Angelegenheiten zuständig und soll sich nicht in die anderer einmischen, 5) Internalisierte Kontrolle, 6) Effiziente Zeitplanung, 7) Trennung von Persönlichkeits- und Lebensbereichen. Diese Kulturstandards wurden durch Forschungen in anderen wissenschaftlichen Disziplinen bestätigt und können daher als zentrale Kulturstandards angesehen werden, da sie nicht auf spezifische Probleme und Handlungen beschränkt sind, sondern die Kultur weiter umfassen.[417]

Für Indien wurden insgesamt neun Kulturstandards herausgefunden:

1) Starke hierarchische Strukturen: in allen Arbeits- und Lebensbereichen herrschen in Indien starke hierarchische Strukturen. Der hierarchisch Höhergestellte oder das Familienoberhaupt stellt die Autorität dar, der Respekt entgegengebracht wird.[418] Man ist darauf bedacht, sowohl das eigene als auch das Gesicht des Höhergestellten zu wahren, daher wird das Äußern von Kritik oder kritischem Feedback vermieden.[419] 2) Rollenkonformität: es gibt eine klar definierte und voneinander abgegrenzte Rollenverteilung innerhalb der Gesellschaft (angefangen in der Großfamilie), an die gewisse Verhaltenserwartungen gestellt wird.[420] Dies sollen zur Aufrechterhaltung von Ordnung und Stabilität beitragen. Verhalten und Handeln gemäß den zugeteilten Rollen bringt gesellschaftliche Anerkennung, während Verstöße negative Sanktionen

---

416 Thomas, 2005(a):25
417 Thomas, 2005(a):26
418 Kakar, 2006:12,21
419 Kakar, 2006:23f,26
420 Kakar, 2006:19

zur Folge haben.[421] 3) Personalismus: Der Aufbau und die Pflege vertrauensvoller Beziehungen sind in Indien sehr bedeutsam.[422] Durch Beziehungsnetzwerke sichert man sich Unterstützung, Solidarität und Loyalität. Vor allem in hierarchischen Gesellschaften, in denen Korruption verbreitet ist und in denen gleichzeitig eine staatlichen Absicherung fehlt, bieten diese persönlichen Netzwerke Möglichkeiten, die hierarchischen Strukturen zumindest stückweise umgehen zu können und ein gewisses Maß an Sicherheit zu gewährleisten.[423] 4) Familienorientierung: Die Großfamilie dient in Indien als einzige soziale Absicherung.[424] Die Familie sorgt für das allgemeine Wohlergehen ihrer Mitglieder. Um dies zu gewährleisten herrscht eine strikte Rollenverteilung innerhalb der Familie, jedes Mitglied hat seinen Beitrag zu leisten und seine Pflichten zu erfüllen.[425] Zudem gilt es, die Bedürfnisse der Familie vor die eigenen Bedürfnisse zu stellen. Die indischen Familienbeziehungen sind gekennzeichnet durch Gehorsam und Loyalität. Die eigene Identität wird vornehmlich über die Familie definiert.[426] Die Familie gilt außerdem als Statussymbol, das gesellschaftliche Anerkennung erfährt.[427] 5) Paternalismus: in indischen Großfamilien ist das älteste männliche Familienmitglied das Oberhaupt der Familie. Er kümmert sich, hilft und trifft Entscheidungen. Dafür wird ihm Respekt, Anerkennung und Gehorsam entgegengebracht. Dies ist auch übertragbar auf die Beziehungen zwischen Vorgesetztem und Mitarbeitern.[428] 6) Konfliktvermeidung: Konflikte und Äußerungen der Kritik werden vermieden, vor allem höhergestellten Personen gegenüber.[429] Zudem werden eigene Schwächen und Fehler ungern thematisiert. Konfliktvermeidung soll der Beziehungspflege dienen, daher gelten Verneinungen oder Negativaussagen als unhöflich und werden umgangen.[430] 7) Emotionalität: „Die meisten Inder werden mehr von ihrem Herzen geleitet als von ihrem Verstand."[431] In der Gesellschaft ist das Zeigen von Emotionen akzeptiert.[432] In den widersprüchlichen Erfahrungen in der indischen Kindererziehung, in denen das Kind in den ersten Jahren verhätschelt und später in die Gesellschaft mit allen Regeln und Pflichten eingeführt wird, kann der Grund für diese Emotionalität gesehen werden.[433] 8) Polychronie: in Indien herrscht ein polychrones Zeitverständnis vor, d.h., dass sich gleichzeitig mit mehreren Tätigkeiten bzw. Aufgaben beschäftigt werden kann. Auf

---

421 Mitterer; Mimler; Thomas (Hrsg.), 2006:51f
422 Kakar, 2006:20
423 Mitterer; Mimler; Thomas (Hrsg.), 2006:58
424 Kakar, 2006:16
425 Kakar, 2006:19
426 Kakar, 2006:16
427 Mitterer; Mimler; Thomas (Hrsg.), 2006:82f, Kakar, 2006:13f
428 Mitterer; Mimler; Thomas (Hrsg.), 2006:94f
429 Kakar, 2006:23f
430 Mitterer; Mimler; Thomas (Hrsg.), 2006:117ff
431 Mitterer; Mimler; Thomas (Hrsg.), 2006:130
432 Kakar, 2006:191
433 Mitterer; Mimler; Thomas (Hrsg.), 2006:130f

Unterbrechungen und Störungen dieser Tätigkeiten wird in der Regel ruhig reagiert, da Zeit von untergeordneter Bedeutung ist. Zudem wird ein hohes Maß an Flexibilität und Spontanität sichtbar, Verspätungen sind üblich.[434] 9) Fatalismus: Damit ist die mit dem Hinduismus verbundene Schicksalsergebenheit gemeint.[435] Das Leben und die Welt gilt als fremdbestimmt, daher wird von einem geringen individuellen Einfluss auf das eigene Glück und Schicksal ausgegangen. Jedoch ist der Glaube daran, dass die eigenen Taten Auswirkungen auf die Lebensumstände in einem späteren Leben haben, eine Komponente des Hinduismus. Aus diesem Grund wird mit Armut und Ungerechtigkeit mit größerer Akzeptanz umgegangen.[436]

Es gibt viele Methoden zur Erforschung und Identifikation von Kulturstandards anhand von kritischen Interaktionserfahrungen. Die gängigste Methode ist die Befragung einer großen Anzahl von Personen über ihre persönlichen Erfahrungen im Umgang mit Mitgliedern anderer Kulturen und ihre Erklärungen dafür. Aus der Befragung kristallisiert sich dann ein typisches Interaktions-Set heraus, welches anschließend von Experten beider Kulturen auf Kulturstandards hin untersucht und analysiert wird.[437] Kulturstandards können in Verbindung mit kritischen Interaktionserfahrungen in interkulturellen Trainings dazu dienen, Sensibilität für kulturelle Unterschiede zu schaffen.[438] Es wird auf die kulturell unterschiedlichen Orientierungssysteme aufmerksam gemacht. Die eigene Kultur soll deswegen aber nicht aufgegeben, genauso wenig den Mitgliedern anderer Kulturen aufgedrängt werden. Vielmehr soll ein produktiver Umgang mit kulturbedingten Unterschieden sowie gegenseitiger Respekt, Toleranz und Wertschätzung gefördert werden.[439]

Bei der Kulturstandardforschung stehen die Interaktionen zwischen Menschen verschiedener Kulturen im Vordergrund. Dabei werden aber auch die bisherigen Forschungsergebnisse in diesem Bereich herangezogen und berücksichtigt.[440] Für eine konfliktlose interkulturelle Interaktion sollten sowohl die eigenen als auch die Kulturstandards der fremden Kultur bekannt sein.[441]

---

434 Mitterer; Mimler; Thomas (Hrsg.), 2006:142f
435 Kakar, 2006:179
436 Mitterer; Mimler; Thomas (Hrsg.), 2006:155f, Kakar, 2006:188
437 Thomas, 2005(a):29f
438 Punkt 5.3.3
439 Thomas, 2005(a):30f
440 Geier, 2007:75, Erll; Gymnich, 2007:50
441 Geier, 2007:74

5.4.3 Culture Assimilator

Der Culture Assimilator (auch Kulturassimilator) ist eine der am besten erforschten Trainingsmethoden zur Vermittlung interkultureller Kompetenz.[442] Sie wurde in den 1970er Jahren von Sozialwissenschaftlern an der Universität von Illinois, USA entwickelt[443] und baut auf der Methode des critical incident von J. Flanagans (1954) auf. Dabei handelt es sich um interkulturelle Ereignisse oder Interaktionen, die beim Gegenüber Verwirrung auslösen.[444] In Deutschland wird die Methode vor allem von Alexander Thomas in Verbindung mit dem Modell der Kulturstandards verwendet.[445]

Beim Culture Assimilator werden die Lernenden dazu angehalten, mögliche Gründe für Missverständnisse und Schwierigkeiten in interkulturellen Kontaktsituationen zu finden. Daraufhin werden sie informiert, ob und weshalb die von ihnen genannten Begründungen zutreffend sind oder nicht.[446] Ziel des Culture Assimilator ist der Aufbau „kognitiver Merkmale interkultureller Handlungskompetenz",[447] die dann ebenfalls Einfluss auf die emotionalen Merkmale interkultureller Kompetenz haben sollen. Der Culture Assimilator kann kulturallgemein oder kulturspezifisch angewandt werden. Kulturallgemeine Culture Assimilators wurden in den USA vor allem für Trainings verwendet, die hinsichtlich des Umgangs mit Mitgliedern ethnischer Minderheiten durchgeführt wurden. In Deutschland wird diese Methode mittlerweile eingesetzt, um Bundeswehrsoldaten auf internationale Einsätze vorzubereiten. Kulturspezifische Culture Assimilators richten sich auf spezifische Länder und Zielgruppen sowie bestimmte Aufgabenfelder.[448] Die Methode kann in verschiedenen Formen verwendet werden, so zum Beispiel als Selbstlernmethode in Form von Lektüre, in Arbeitsgruppen oder als Rollenspiel.[449]

Der Culture Assimilator besteht in der Regel aus drei Teilen. Zuerst werden die für das jeweilige Land geltenden Kulturstandards erläutert,[450] anschließend typische Konfliktsituationen bei interkulturellen Interaktionen zwischen Mitgliedern verschiedener Kulturen in Form von Fallbeispielen geschildert. Darauf folgend werden zu jeder Situation verschiedene Erklärungsbeispiele gegeben und erklärt, von denen eine oder gegebenenfalls auch das

---

442 Kinast, In: Thomas; Kinast; Schroll-Machl (Hrsg.), 2005:189
443 Brislin; Pedersen, 1976:89
 Kinast nennt die 1960er Jahre als Zeitpunkt der Entwicklung des Culture Assimilator
444 Podsiadlowski, 2004:77
445 Erll; Gymnich, 2007:153
446 Brislin; Pedersen, 1976:90
447 Kinast, In: Thomas; Kinast; Schroll-Machl (Hrsg.), 2005:189
448 Kinast, In: Thomas; Kinast; Schroll-Machl (Hrsg.), 2005:190, Brislin; Pedersen, 1976:90
449 Podsiadlowski, 2004:76
450 Kinast, In: Thomas; Kinast; Schroll-Machl (Hrsg.), 2005:190

Zusammenspiel mehrerer Antworten zutreffend sein kann. Die Antworten, die nicht zutreffen oder unwahrscheinlich sind, spiegeln meist Vorurteile und Unwissenheit über die andere Kultur wider.[451] Der Lernende soll sich aus den Erklärungsbeispielen die Antwort heraussuchen, die für ihn den Grund für das Missverständnis darstellt. Dabei soll keine voreilige Entscheidung getroffen, sondern vielmehr über alle Alternativen intensiv nachgedacht werden. Dies dient dem Zweck, auf kulturelle Unterschiede aufmerksam zu machen und dafür zu sensibilisieren.[452] In Verbindung mit den Kulturstandards sollen die verschiedenen Deutungsvorschläge erläutert und diskutiert werden,[453] um dann in einem letzten Schritt durch ein Feedback des Trainers oder der Trainerin die Situation endgültig aufzuklären und eventuell bestehende Unklarheiten zu beseitigen.

---

[451] Kinast, In: Thomas; Kinast; Schroll-Machl (Hrsg.), 2005:191
[452] Erll; Gymnich, 2007:153
[453] Kinast, In: Thomas; Kinast; Schroll-Machl (Hrsg.), 2005:192, Podsiadlowski, 2004:77

6. Gegenüberstellung der Kulturvermittlung Max Müllers und der Vermittlung interkultureller Kompetenz heute

Im Folgenden stelle ich die Vermittlung der indischen Kultur durch Max Müller im 19. Jahrhundert und die Kulturvermittlung in der heutigen Zeit, in Form von interkulturellen Trainings, einander gegenüber. Zunächst scheint es, als wären die beiden Ansätze nicht mit einander in Verbindung zu bringen. Zum einen handelt es sich um unterschiedliche zeitliche Ebenen und Gegebenheiten. Zum anderen bezog sich die Kulturvermittlung von Max Müller unter anderem auf das Verhältnis von England zu Indien in Zeiten des Kolonialismus. Bei der Vermittlung interkultureller Kompetenz in der heutigen Form beziehe ich mich hingegen auf das Verhältnis von Indien und Europa bzw. der westlichen Welt im Allgemeinen und gehe dabei explizit auf Deutschland ein.

Bei näherer Betrachtung jedoch sind neben den Unterschieden auch Gemeinsamkeiten der beiden Kulturvermittlungsansätze erkennbar, welche ich in der folgenden Gegenüberstellung analysiere. Dafür ist es jedoch erforderlich, verschiedene Ebenen zu abstrahieren, die eine solche Analyse ermöglichen.

Die erste Ebene betrifft das Verständnis von Kultur bei Max Müller sowie der interkulturellen Kompetenzvermittlung heute. Dazu ist auch die Betrachtung des zeitlich-historischen Hintergrunds wichtig. Dieser stellt eine weitere Ebene dar. Auf einer dritten Ebene beschäftige ich mich mit den jeweiligen Gründen und Zielen der Kulturvermittlung. Auch lässt sich Müllers Kulturvermittlung und die Vermittlung interkultureller Kompetenz heute hinsichtlich der Zielgruppen untersuchen, welche als gesonderte Ebene behandelt werden. Auf der fünften Ebene untersuche ich dann die Herangehensweise und Methoden der Vermittlung von Max Müller im Gegensatz zu heute.

Bei der Einteilung der Gegenüberstellung in verschiedene Ebenen ist zu beachten, dass all diese miteinander in Verbindung stehen und inhaltlich nicht voneinander getrennt werden können. Die Trennung erfolgt aus rein analytischen Gründen. So haben zum Beispiel sowohl die historische Epoche als auch die Entwicklung einer Kultur entscheidende Auswirkungen auf die Gründe, Ziele und Methoden der Kulturvermittlung. Auch bei der Diskussion über die Zielgruppe und der damit verbundenen Analyse des Indian Civil Service lassen sich Schlüsse auf Ziele und Hintergründe der Kulturvermittlung ziehen. Zudem erfordert die Analyse der Gründe und Ziele auch eine Berücksichtigung der Methoden. Und um schließlich unnötige Dopplungen zu vermeiden, gehe ich auf Inhalte der beiden Kulturvermittlungsansätze nicht auf einer gesonderten Ebene ein, sondern diskutiere sie an den jeweilig geeigneten Stellen.

6.1 Kulturverständnis

Zur Zeit der britischen Kolonialherrschaft, zu der Max Müller lebte, war das traditionelle Kulturkonzept vorherrschend, welches im 18. Jahrhundert von Johann Gottfried Herder geprägt wurde. Kulturen wurden als voneinander abgegrenzte und in sich homogene Einzelkulturen betrachtet.[454] Heute hingegen kann dieses Konzept nicht mehr verwendet werden. Aus diesem Grund führte Wolfgang Welsch in den 1990er Jahren den Begriffs der Transkulturalität für moderne Gesellschaften ein, in dem die Hybridisierung der Kulturen als Folge von Globalisierung und Migration betont wird.[455]

Aufgrund der historischen Epoche lässt sich vermuten, dass Max Müller ebenfalls vom traditionellen Kulturkonzept geprägt war. Er betonte jedoch die neuen Möglichkeiten, die sich aus dem Kontakt und Austausch von Kulturen ergeben können. Damit spricht er einen Aspekt an, den auch Welsch bei seinen Ausführungen des Begriffs der Transkulturalität nennt. Des weiteren spricht Müller davon, dass Fremdes nicht länger fremd erscheint, sobald man die kulturellen Gemeinsamkeiten entdeckt. Dies wird von Welsch ebenfalls behauptet. Müller hat sich dabei auf den gemeinsamen Ursprung der Völker bezogen, der durch das Studium des *Veda* und des Sanskrit zugänglich gemacht wird.[456] Während Müller also die gemeinsame Vergangenheit der Kulturen, die sich im Laufe der Zeit auseinanderentwickelt haben, betonte, geht Welsch nicht von einem gemeinsamen Ursprung der Kulturen aus. Er betont die gemeinsame Gegenwart bzw. Zukunft der Kulturen, die sich aufgrund der Globalisierung und auch der verbesserten Kommunikationsmittel einander nähern und gegenseitig durchdringen. Trotzdem, so die Kritik an Welsch von Heinz Antor, bleiben kulturelle Grenzen weiterhin bestehen. Die monokulturelle Art des Denkens, dem traditionellen Kulturkonzept entsprechend, ist demnach heute trotz allem noch existent und kann deshalb nicht als aufgehoben angesehen werden.[457]

Eine weitere Gemeinsamkeit von Müllers Kulturverständnis und dem heutigen Verständnis von Kultur ist, dass beide die Vielfalt der indischen Kultur betonen. Müller machte in seiner zweiten Vorlesung vor den Kandidaten des Indian Civil Service darauf aufmerksam, dass die indische Kultur nicht als homogen bezeichnet werden kann.[458] In der indischen Kultur gäbe es unzählige innere Ausdifferenzierungen. Dies entspricht der heutigen Auffassung, die Klaus-Peter Hansen

---

454 Punkt 2
455 Punkt 2
456 Vorlesungen Müllers
457 Bezüglich des heutigen Kulturverständnisses herrscht keine Einigkeit unter den Wissenschaftlern, daher kann an dieser Stelle nicht für die Allgemeinheit gesprochen werden
458 Punkt 3.4.2

Multikollektivität nennt. Zudem betonte Müller ebenfalls in seiner zweiten Vorlesung, dass Menschen dazu neigen, sich in ihrer Wahrnehmung an den Maßstäben der eigenen Gesellschaft und Kultur zu orientieren. Müller thematisierte damit Aspekte des Kulturrelativismus, entgegen dem in seiner historischen Epoche vorherrschenden ethnozentristischen Verständnis von Kultur. So forderte er zum Beispiel an anderer Stelle dazu auf, darüber nachzudenken, ob die eigene Sichtweise unbedingt immer die richtige sein muss.[459] Dies entspricht ebenso der heutigen Auffassung von Kultur, in der auch der psychologische Aspekt von Kultur betrachtet wird. Max Müller machte schon damals seine Zuhörer auf die Bedeutung der Reflexion über die eigene kulturelle Prägung aufmerksam, die heute zu den Voraussetzungen für den Erwerb interkultureller Kompetenz und den verständnisvollen Umgang mit Mitgliedern anderer Kulturen gehört.

Die Beschäftigung mit dem Begriff der Kultur ist heute bei der Kulturvermittlung von großer Bedeutung. Durch immer präzisere Definitionen und Begrifflichkeiten kann ein besseres Verständnis von Kultur und ihren Auswirkungen auf das menschliche Verhalten ermöglicht werden.[460] In Müllers Vorlesungen finden sich keine konkreten Definitionen oder Überlegungen zum Kulturbegriff. Dabei muss man beachten, dass die heutige Herangehensweise und Beschäftigung mit Kultur nicht dem damaligen Zeitgeist und den politischen Intentionen einer Kolonialmacht entsprach. Wichtig ist anzumerken, dass für Max Müller die indische Kultur vornehmlich in der vedischen Literatur sowie den Regionalsprachen bestand. Sein Kulturverständnis scheint nicht einheitlich zu sein. Auf der einen Seite war Müllers Verständnis von Kultur mit der Betonung des Sanskrit und des *Veda* relativ eingeschränkt, wenn man bedenkt, dass bei der heutigen Betrachtung von Kultur deren vielfältige Facetten beachtet werden. Auf der anderen Seite jedoch setzte er sich auch für das Erlernen der Regionalsprachen ein. Des weiteren sah Müller auch in der Religion einen Ausdruck der indischen Kultur.[461]

---

459 Punkt 3.4.3
460 Punkt 2
461 Vorlesungen 3,4,5,6,7; Punkt 3.4

6.2 Zeitliche Einordnung und Hintergrund der Vermittlung

Da Müllers Indienbild in Deutschland geprägt wurde, wo die Beschäftigung mit Indien als Bereicherung der eigenen Persönlichkeit gesehen wurde, nahm sein Studium und Interesse an Indien nach dem Umzug nach Oxford eine neue Gestalt an. Dort musste er öffentlich Stellung zu Indien nehmen und fühlte sich verpflichtet, das Land zu verteidigen. „Für die Deutschen bildete die Kenntnis Indiens einen Teil ihres Werdeprozesses",[462] selbst wenn sie das Land persönlich nie kennengelernt haben.

Aufgrund seiner Haltung gegenüber Indien und der indischen Bevölkerung ist es verwunderlich, weshalb Müller so großes Interesse an der Nachfolge des Boden-Lehrstuhls für Sanskritforschung hatte, da dieser Lehrstuhl zu Missionierungszwecken gegründet worden war.[463] Müllers Einstellung zu Missionierung ist zwar unklar, jedoch schätzte er die hinduistische Religion und setzte sich in seinen Vorlesungen für ein besseres religiöses Verständnis dieser ein. Dies wird durch folgende Sätze deutlich:

> „What I wish you to observe in all this is the perfect freedom with which these so-called gods or Devas are handled, and particularly the ease and naturalness with which now the one, now the other emerges as supreme out of this chaotic theogony. This is the peculiar character of the ancient Vedic religion, totally different both from the Polytheism and from the Monotheism as we see it in the Greek and the Jewish religions; and if the Veda had taught us nothing else but this henotheistic phase, which must everywhere have preceded the more highly-organized phase of Polytheism which we see in Greece, in Rome, and elsewhere, the study of the Veda would not have been in vain."[464]

Da er in drei seiner sieben Vorlesungen vor den Kandidaten des Indian Civil Service ausführlich die vedische Götterwelt erläuterte, könnte dies als Hinweis gesehen werden, dass Müller sich gegen eine Missionierung in Indien aussprach. Ob dies jedoch tatsächlich der Fall war, wird nicht deutlich. Gegebenenfalls ging es ihm bei der Bewerbung schlicht um finanzielle Sicherheit. Auch hätte er möglicherweise als neuer Lehrstuhlinhaber neue Akzente setzen können, die dem eigentlichen Gründungszweck des Lehrstuhls widersprochen hätten. Die Gründe für die Ablehnung von Müllers Bewerbung sind nicht eindeutig, es ließe sich jedoch vermuten, dass man die Umstrukturierung des

---
462 Chaudhuri, 2008:130
463 Punkt 3.1
464 Müller, 2007:136

Lehrstuhls durch Müller befürchtete.

Außerdem stellt sich die Frage, warum ausgerechnet Max Müller gebeten wurde, die Vorlesungen vor den Kandidaten des Indian Civil Service zu halten. Dies ist ebenso unklar wie Müllers Mitgliedschaft in dessen Prüfungskommission seit 1855. Die Geisteshaltung, unter der die Ausbildung der Beamten stand, sah darin die Vorbereitung der Mitglieder der herrschenden Kultur, die in das Land der „Barbarei" gehen, um der Bevölkerung dort Zivilisation und Kultur zu bringen. Dem widersprach Müller in seinen Vorlesungen. Man könnte die Bitte an Müller, diese Vorlesungen zu halten, lediglich als eine Geste verstehen. Bereits die Finanzierung der *Rig-Veda*-Herausgabe wurde als Geste der East India Company verstanden.[465] Jedoch stand zum Zeitpunkt der Vorlesungsreihe im Jahr 1882 Indien bereits unter der britischen Krone. Daher könnte es höchstens als Geste von Kaiserin Viktoria gesehen werden. Das Interesse der Kaiserin an Indien und das gute Verhältnis zu Müller wurde bereits deutlich. Die Herrschaft in Indien befand sich jedoch nach dem Aufstand von 1857 in einer angespannten Lage. Müller hingegen genoss bei vielen Intellektuellen in Indien hohes Ansehen.[466] Es lässt sich nur über die Gründe spekulieren, weshalb Müller in der Prüfungskommission saß und einmalig die Vorlesungen hielt. Fraglich ist zudem, weshalb Müller den Auftrag annahm, da er die Auffassung der Briten, Indien zivilisieren zu müssen, nicht teilte. Es ist anzunehmen, dass er in dem Auftrag schlicht eine weitere Gelegenheit gesehen hat, zwischen der indischen und der britischen Kultur zu vermitteln und sich für die indische Kultur einzusetzen.

Die britische Haltung Indien gegenüber wird aus der historischen Beziehung zwischen den beiden Ländern deutlich, denn die Briten kamen zuerst als Händler, dann als Eroberer nach Indien. Es galt daher dieses Land zu beherrschen und nicht zu verstehen. Es handelte sich auch nicht um gleichberechtigte Handelsbeziehungen zwischen Indien und England. Vielmehr war der damalige Zeitgeist geprägt von Kolonialismus und Imperialismus. Das letztliche Scheitern der East India Company in Indien kann als Hinweis interpretieren werden, dass Missachtung, Ablehnung und Hochmut im Austausch und Kontakt mit anderen Kulturen auf lange Sicht gesehen zum Misserfolg auf kultureller sowie wirtschaftlicher Ebene führen. So sah auch Müller bereits das Ende der britischen Kolonialherrschaft voraus:

---
465 Schlender, 2000:47
466 Punkt 3.1

> „When I see in a circus a man standing with outstreched legs on two or three horses, and two men standing on his shoulders, and other men standing on theirs, and a little child at the top of all, while the horses are running full gallop round the arena, I feel what I feel when watching the Government of India. One hardly dares to breathe, and one wishes one could persuade one´s neighbours also to sit still and hold their breath..."[467]

Die notwendige Beschäftigung mit Indien von Seiten der Briten war von rein praktischem Nutzen. Deshalb wurde es in der Regel nicht als persönliche Bereicherung gesehen, vielmehr wurde Indien als ein „unzivilisiertes" und „unkultiviertes" Land betrachtet. Das abwertende Verhalten der Briten kann neben dem damaligen Zeitgeist auch als ein Symptom des Kulturschocks verstanden werden.[468] Dies könnte auch eine Erklärung dafür sein, weshalb sich die Briten selbst als eine Art Missionare, die der indischen Bevölkerung „Zivilisation" bringen sollten, wahrgenommen haben.

> „Jene, die sich nicht mit der Geschichte der indisch-britischen persönlichen Beziehungen während der stabilsten Zeiten britischer Herrschaft in diesem Land befasst haben, können sich nicht vorstellen, wie groß der britische Hass und ihre Verachtung der Inder war."[469]

Obwohl Müller die abwertende Haltung der britischen Beamten in Indien und England mit dem mangelnden Wissen über Indien erklärte, welches die Entstehung von Vorurteilen und Stereotypen zur Folge hatte, erweist sich dieses Argument Müllers als nicht durchgreifend. Denn auch heute bleibt die Gefahr der Stereotypisierung bestehen, auch wenn die modernen Kommunikationsmittel die Informationsbeschaffung über andere Länder und Kulturen erleichtert haben. Zum einen ist nicht garantiert, dass diese Art des Informierens auch in Anspruch genommen wird. Zum anderen können Informationen nicht unweigerlich als Wissen gelten. Allerdings haben die vermehrten Möglichkeiten der Informationsbeschaffung mit Sicherheit ihren Beitrag geleistet, dass die ethnozentristische Auffassung von Kultur einer kulturrelativistischen Einstellung gewichen ist.

Nach langer Zeit der Fremdherrschaft begann Indien sich gegen die Unterdrückung und Ausbeutung durch die Briten zur Wehr zu setzen. Dies führte schließlich zum Freiheitskampf, beginnend mit dem Sepoy-Aufstand von 1857 bis hin zur Unabhängigkeit am 15. August 1947. Seitdem zeigte der indische Subkontinent, zwar mit Umwegen und Rückschlägen, eine relativ rasche Entwicklung, vor allem auf wirtschaftlicher Ebene. So ist Indien zum Beispiel im Bereich

---

467 Müller, 1898/99:143, zitiert nach Voigt, 1967: 42
468 Punkt 5.2.1
469 Chaudhuri, 2008:306

der Informationstechnologie zweitgrößter Software-Exporteur der Welt. Das Interesse, das Indien heute weckt, ist, wie bei der Ankunft der Briten in Indien damals, in vielerlei Hinsicht ein geschäftliches bzw. ökonomisches. Jedoch möchte man heute Indien nicht beherrschen, sondern vielmehr mit dem Land kooperieren, so dass in Kontaktsituationen jeglicher Art beidseitige Win-Win-Effekte möglich sind. Ein Beispiel hierfür ist das Offshoring westlicher Unternehmen. Das Verhältnis zwischen Indien und Europa bzw. der westlichen Welt ist nicht länger eines zwischen einem „unterentwickelten" Land und „fortschrittlicheren" Ländern, sondern das zwischen gleichberechtigten Partnern, auch wenn es in Indien hinsichtlich Arbeitslosigkeit, Armut und Umweltschutz noch vieler Veränderungen bedarf.

Indien bleibt ein Land der Gegensätze. Auf der einen Seite hat es sein Ansehen als das Land der Spiritualität, Religiosität und Exotik aus westlicher Sicht nicht gänzlich verloren. Die Andersartigkeit der indischen Kultur übt für Touristen aus aller Welt eine Anziehung aus, weshalb der Tourismus in Indien immer mehr an Bedeutung gewinnt[470] und natürlich kommen die Touristen nicht aus ökonomischen Interessen nach Indien. Auf der anderen Seite ist Indien eine der am schnellsten wachsenden Wirtschaftsmächte, der Wissenschaftler eine bedeutende Rolle in der Zukunft der Weltwirtschaft beimessen.

Darüber hinaus ist die Auffassung der politischen Asymmetrie zwischen Kulturen, wie sie im Kolonialismus vertreten wurde, heute nicht mehr vorherrschend. So umfasst die Generalversammlung der Vereinten Nationen mittlerweile Vertreter von 192 Staaten, die ungeachtet ihrer Kultur und Nationalität alle gleiche Stimmrechte besitzen.[471] Auf wirtschaftlicher Ebene ist die Einteilung der Staaten in Entwicklungsländer, Schwellenländer und Industrieländer jedoch weiterhin vorhanden.

Interkulturelle Trainings werden für diese neue Art der Kontaktsituationen entwickelt. Es gilt, die eigene und die andere Kultur besser kennen zu lernen, um somit auch ein besseres Verstehen des eigenen und des fremden Verhaltens zu ermöglichen. Daher liegt eine große Betonung bei der Vermittlung interkultureller Kompetenz auf der Ambiguitätstoleranz und den Synergiepotenzialen interkulturellen Handelns und Arbeitens.

Der Widerstand hinsichtlich Müllers Position zur indischen Kultur von Seiten der britischen Kolonialherren lässt darauf schließen, dass es keine Nachfrage an interkultureller Kompetenzvermittlung gab, sondern Müllers Vermittlung allein seinem persönlichen Interesse an Indien und seiner Kultur entsprang. Er erkannte bereits zu einer Zeit, in der die Auseinandersetzung

---

470 Punkt 4.2
471 www.un.org/members/list.shtml

mit Mitgliedern anderer Kulturen noch kein gesellschaftlicher Imperativ war, wie wertvoll kultureller Austausch sein kann. Zudem machte er auf die Bedeutung von gegenseitigem Respekt und Offenheit zur Annäherung für interkulturelle Beziehungen aufmerksam, auch wenn es sich in der damaligen Zeit um das Verhältnis zwischen Herrschern und Beherrschten handelte. Aus Müllers Ansichten wird deutlich, dass er damals bereits Aspekte ansprach, die in der heutigen Zeit der Globalisierung immer bedeutsamer werden und die sich heute mit der herrschenden Meinung decken.

Heute gibt es ein wachsendes Angebot an interkultureller Kompetenzvermittlung, da diese Fähigkeit eine Schlüsselrolle auf dem heutigen Arbeitsmarkt spielt. Max Müller als damaliger Einzelgänger steht folglich in starkem Kontrast zu einer heute stetig wachsenden wissenschaftlichen Disziplin bzw. Subdisziplinen, deren Wichtigkeit mehrheitlich betont wird.

6.3 Zielgruppe

Max Müller bediente sich vieler Gelegenheiten, sich für die Vermittlung eines besseren Verständnisses der indischen Kultur einzusetzen, als direkte Kulturvermittlung kann man jedoch vor allem die Vorlesungsreihe bezeichnen, die er 1882 vor den Kandidaten des Indian Civil Service an der Universität Cambridge hielt. Die Zielgruppe Müllers waren demnach die angehenden Beamten der East India Company. Die Indian Civil Servants sollten auf ihren Aufenthalt in Indien, der bis zu 25 Jahre dauern konnte, vorbereitet werden. Die Entscheidung, beim Indian Civil Service tätig zu werden, konnte freiwillig getroffen werden, die Ausbildung hingegen war Pflicht und dauerte zwei Jahre. Auf der einen Seite hatte der Unterricht zwar gewissermaßen auch die Vermittlung der indischen Kultur zum Inhalt, dabei wurde sich jedoch auf Aspekte beschränkt, die die Herrschaftsaufgaben der Civil Servants unterstützte, wie der Stundenplan des Indian Civil Service zeigt.[472] Zum anderen wird an der fehlenden Thematisierung von Elementen der indischen Kultur wie Religion, Literatur, Philosophie sowie kulturelle Sensibilisierung deutlich, dass die Ausbildung des Indian Civil Service nicht die Vermittlung interkultureller Kompetenz zum Ziel hatte. Beamter der East India Company zu sein galt als lukrative Anstellung mit gutem Einkommen und guten Aufstiegschancen.

Während die Ausbildung beim Indian Civil Service die notwendige Voraussetzung für eine

---
[472] Punkt 3.4

berufliche Laufbahn in Indien war, gilt interkulturelle Kompetenz heute, vermittelt durch interkulturelle Trainings, als zusätzliche Schlüsselqualifikation. So gehen zum Beispiel immer mehr deutsche Firmen Geschäftsbeziehungen mit indischen Firmen oder Geschäftsleuten ein und schicken ihre Mitarbeiter zu interkulturellen Trainings, um sich auf den Aufenthalt in Indien bzw. auf die Zusammenarbeit mit indischen Geschäftspartnern vorzubereiten. Die Zielgruppe interkultureller Kompetenzvermittlung heute sind demnach hauptsächlich international tätige Firmen bzw. deren Mitarbeiter. Die Bereitschaft, zumindest für einige Zeit ins Ausland zu gehen oder mit ausländischen Geschäftspartnern zusammenzuarbeiten, ist für die Berufs- und Aufstiegschancen in einer Vielzahl von Berufen von Vorteil. Natürlich gibt es auch gerade im Tourismus Privatpersonen, die interkulturellen Kontaktsituationen ausgesetzt sind. Für diese werden aber in der Regel keine interkulturellen Trainings abgehalten Sie fahren zum Beispiel nach Indien und bringen meist genügend Zeit auf, um ihre persönlichen Erfahrungen zu machen und die Kultur kennenzulernen.

Sowohl bei der Ausbildung zum Indian Civil Servant, als auch bei die Teilnahme an interkulturellen Trainings heute handelt es sich bei der Zielgruppe um Mitarbeiter gewinnorientierter Unternehmen. Damals wie heute stellen sie ein Element der beruflichen Aus- bzw. Weiterbildung dar.

6.4 Gründe und Ziele für die Vermittlung zwischen Kulturen

> „Ich kann mich gut daran erinnern, dass in meiner Schulzeit eines meiner Schreibhefte einen Einband trug, auf dem ein großes Bild von Benares zu sehen war. Es war ein sehr grob gemaltes Bild, aber ich kann heute noch die Männer, Frauen und Kinder sehen, wie sie die Ghats hinunterschreiten, um im Wasser des Ganges zu baden. Dieses Bild regte meine Phantasie an und ließ mich träumen."[473]

Diese Aussage drückt Max Müllers Geisteshaltung bezüglich Indien aus. Zusammen mit seinem Wunsch, etwas Außerordentliches zu erforschen und seiner neu entdeckten Liebe zu Sanskrit führte dies dazu, Indologie zu studieren.[474] Die Schönheit der Sanskrit-Literatur faszinierte ihn und ließ schließlich das Vorhaben in ihm wachsen, den *Rig-Veda* herauszugeben. Damit wollte er der

---
473 Schlender, 2000:15
474 Müller, 1982:3, zitiert nach Schlender

gesamten Menschheit einen Dienst erweisen.

Aufgrund seiner Sympathie für Indien fühlte er sich verpflichtet, das Bild der indischen Bevölkerung in seinem gewählten Heimatland England zu verbessern. Er sah sich jedoch nicht nur Indien, sondern auch der Gerechtigkeit verpflichtet und setzte sich für diejenigen ein, die seiner Meinung nach im Recht waren.[475] Müller wollte darauf aufmerksam machen, welch Kostbarkeiten, Möglichkeiten und Bereicherungen die indische Kultur bereithält. Er versuchte, mit seinem Engagement zu zeigen, dass Indien nicht nur für ihn persönlich, sondern für die ganze Menschheit eine wichtige Rolle spielt, dass die verschiedenen Völker eine gemeinsame Vergangenheit haben und man viel voneinander lernen könne. Sein Hauptanliegen war ein besseres Verständnis der jeweils anderen Kultur, um somit die Basis für ein harmonischeres Miteinander zu schaffen. Aus diesem Grund kämpfte er gegen die Verbreitung und Festigung von Vorurteilen und Verallgemeinerungen, die kein wahrheitsgetreues Bild der Wirklichkeit liefern und für Kontakt und Kommunikation zwischen zwei Kulturen hinderlich sind.

Diese von Müller angesprochenen Aspekte sind auch heute bei der Vermittlung interkultureller Kompetenz von großer Bedeutung. Interkulturelle Kompetenz und die Vermittlung zwischen Kulturen werden heute aufgrund der wachsenden Bedeutung Indiens auf dem Weltmarkt und den zunehmenden wirtschaftlichen Beziehungen zu vielen anderen Ländern zunehmend wichtiger. Dabei geht es nicht darum, kulturelle Unterschiede zu beseitigen. Es geht vielmehr darum, diesen Unterschieden ihren befremdlichen Charakter zu nehmen, sie zu verstehen, zu tolerieren und gemeinsam zu nutzen. Dies wird auch unter dem Begriff des Synergiepotenzials zusammenfasst.[476] Dieses Potenzial betonte Müller, wenn auch ohne den Begriff zu verwenden, indem er damals von den Möglichkeiten des gegenseitigen Lernens der Kulturen sprach.

Da sich die indische Kultur zum Beispiel von der deutschen Kultur sehr unterscheidet, kann es leicht zu Verwirrungen und Missverständnissen kommen, die den interkulturellen Kontakt und Austausch stören und behindern können. Indien ist nicht mehr nur das Land der Träume und Exotik, es ist zu einem wichtigen wirtschaftlichen Handels- und Tauschpartner geworden. Kontakte kommen neben persönlichen Neigungen und Interessen vor allem auch aus wirtschaftlichen Gründen zustande. Die Vermittlung interkultureller Kompetenz in Form von interkulturellen Trainings in Bezug auf Indien zielt vornehmlich darauf ab, harmonische und erfolgreiche Kontakt- und Geschäftssituationen zu ermöglichen und zu fördern. Auch Müller sprach bereits von einem friedlichen und produktiven Miteinander der Kulturen, er hatte dabei jedoch vor allem den

---

475 Punkt 3.1
476 Punkt 1

kulturellen Austausch und ein harmonisches Verhältnis zwischen Herrschern und Beherrschten im Sinn.

Bei Kulturvermittlung heute wird die indische Kultur vorgestellt und mit der eigenen verglichen. Es wird versucht, eine Sensibilität für kulturelle Unterschiede zu schaffen, die es einem möglich macht, eine erfolgreiche interkulturelle Kontaktsituation zu schaffen. Interkulturelle Trainings werden nicht durchgeführt, um das Bild von Indien zu verbessern und das Land zu verteidigen, vielmehr arbeiten sie daraufhin, die andere Kultur kennen und verstehen zu lernen, um Kulturschocks und Missverständnisse zu vermeiden oder zumindest zu lernen, mit ihnen umzugehen.

Ausgehend von Müllers persönlichem Interesse an Indien, seiner Kultur und Bevölkerung, war es ihm daran gelegen, Wissen über sein Bild der indischen Kultur zu vermitteln und gegenseitiges Verständnis zwischen den Kulturen zu fördern.

Die heutige Kulturvermittlung setzt sich ebenfalls für die bessere Verständigung, Toleranz, Offenheit und gegenseitigen Respekt zwischen Kulturen in einer zunehmend globalisierten Welt ein. Gründe dafür können unterschiedlicher Natur sein, dominant ist in der heutigen Zeit jedoch die wirtschaftliche Ebene. Dies hat zur Folge, dass der Umgang mit Kulturen ebenfalls ökonomischen Prinzipien unterliegt und somit auch das Interesse an Indien vornehmlich ein wirtschaftliches ist und keines an der indischen Kultur selbst. Indien ist in diesem Falle austauschbar mit jedem Land, welches gegebenenfalls wirtschaftlich bedeutsamer wäre. Es ist heute also nicht das Interesse an Indien, wie dies bei Müller der Fall war, sondern die globale Entwicklung, die Indien in diesem Fall seinen Reiz verleiht.

6.5 Methoden und Herangehensweise der Vermittlung

Müllers Methode bei der Vermittlung der indischen Kultur war der Vortrag. Er dozierte über die für ihn wichtigen Themen und betrieb somit Kompetenzvermittlung auf kognitiver Ebene. Es ist keine einheitliche und klare Struktur der Vorlesungen erkennbar.[477] Die Vorträge wurden ohne Einleitung begonnen. Nur die letzte Vorlesung eröffnete er mit der Beantwortung von Fragen, wobei nicht erkennbar ist, ob es sich dabei um Fragen seiner Zuhörer handelte oder um allgemeine Fragen zu

---

477 Punkt 3.4.1 bis 3.4.7

dieser Zeit.

In den ersten drei Sitzungen widmete Müller sich der Beseitigung von Vorurteilen, die bezüglich Indien, der indischen Bevölkerung sowie der alten Sanskrit-Literatur zu jener Zeit vorherrschend waren. Seine Herangehensweise bestand darin, die Vorurteile zu Beginn der Vorlesung zu nennen und sie dann im restlichen Teil des Vortrags zu widerlegen. Dabei warb er geradezu für Indien und seine Kultur, vor allem bezogen auf die vedische Literatur. Zudem betonte Müller immer wieder die gemeinsame Geschichte der Menschheit. Zu diesem Zweck nannte er viele Beispiele aus der Geschichte sowie den alten Sanskrit-Texten.[478] Zudem machte er mit sehr ausführlichen sprachwissenschaftlichen Ausführungen auf die Ähnlichkeiten der Sprachen und ihre Entwicklung aufmerksam.

So nahm er unter anderem in seiner zweiten Vorlesungen als Mittel der Überzeugung Textstellen aus den indischen Epen zur Hand, die allerdings den Bezug zur Realität fehlen ließen (er nannte unter anderem ein Beispiel, in dem der Held eher sein Leben geben, als dass er gegen sein Versprechen verstoßen würde).[479]

Müllers Vorlesungen beschränken sich auf das alte Indien. Er versuchte, gegenwärtige Vorurteile und Missverständnisse durch das Studium der alten Texte zu beseitigen. Er ging davon aus, dass die alte Sanskrit-Literatur gegenwärtig immer noch im Denken und Handeln der Mehrheit der indischen Bevölkerung verankert sei. Müller betonte außerdem die Vernetzung der Welt, meinte damit jedoch die gemeinsame Vergangenheit der Völker. Immer wieder betonte er dabei die Verbindung zu seinen Hörern. Durch diese Wiederholungen der gemeinsamen Vergangenheit der Völker versuchte er, seine Zuhörer emotional anzusprechen und einzubeziehen. Für alle sieben Vorlesungen gilt, dass die Wiederholung und der Vergleich die von Müller am meisten verwendeten Methoden waren. Unter anderem in seiner zweiten, dritten und siebten Vorlesung unterstütze er seine Behauptungen mit historischen Berichten über Indien sowie mit seinen persönlichen Erfahrungen mit Indern, die er in Europa kennengelernt hatte. Zudem führte er häufig Vergleiche zu anderen Ländern, Völkern und Sprachen an, um Gemeinsamkeiten festzustellen oder Behauptungen zu widerlegen. Dem Thema Religion in Indien widmete er insgesamt drei Vorlesungen.[480] Er betonte dabei in jeder einzelnen seiner Vorlesungen die Bedeutung des *Veda* und des Sanskrit-Studiums. Er blieb sehr theoretisch. Praxiserfahrungen konnte er kaum vorweisen.

Bei der Vermittlung interkultureller Kompetenz heute gibt es eine Vielzahl von Herangehensweisen und Methoden, je nachdem welche Art des Trainings gewählt wird. Zunächst einmal werden die

---
478 Punkt 3.4.2
479 Punkt 3.4.2, vgl. Berger, In: Rau (Hrsg.), 1974:20
480 Punkt 3.4.5, 3.4.6, 3.4.7

einzelnen Phänomene interkultureller Begegnungen begrifflich erfasst, definiert und ihre Auswirkungen auf Kontaktsituationen mit anderen Kulturen ausführlich dargelegt. Allem voran wird definiert, was unter interkultureller Kompetenz im Allgemeinen verstanden wird (disziplinäre Unterschiede ausgenommen). Außerdem wird ausführlich darauf eingegangen, was unter einem Kulturschock verstanden wird und wie er die eigene Wahrnehmung beeinflussen kann.

Als Max Müller seine Vorlesungen vor den Kandidaten des Indian Civil Service hielt, sprach er zwar einige Symptome des Kulturschocks an (sich fremd und unwohl fühlen, Abneigung und Abwertung der anderen Kultur), jedoch war zu dieser Zeit weder der Begriff des Kulturschocks bekannt, da dieser erstmals in den 1960er Jahren verwendet wurde, noch gab es Äußerungen zu einem vergleichbaren Phänomen.[481]

Kommunikation stellt heute bei interkulturellen Begegnungen einen wichtigen Aspekt dar. Es werden die einzelnen Teilaspekte der Kommunikation thematisiert und analysiert. Dabei werden auch die kommunikationspsychologischen Auswirkungen betrachtet. In Müllers Vorlesungen fällt der Begriff der Kommunikation nicht, auch geht er nicht auf Aspekte ein, die mit der Kommunikation und ihrer Bedeutung vergleichbar wären. Aus dem Wissen um die damalige britische Haltung Indien gegenüber[482] sowie der heutigen Einteilung der Kommunikation in drei Ebenen,[483] lässt sich schließen, dass die Briten in Indien vermehrt auf der Beziehungs-Ebene kommunizierten. Müller sprach mehrfach Merkmale des Vorurteils und der Stereotype an. Beide Phänomene werden von Müller als bekannt angesehen, er definiert oder erklärt sie nicht.

Heute wird eine genaue Beschreibung gegeben, was ein Stereotyp und was ein Vorurteil ist, welche Konsequenzen sie haben und wie man diesen begegnen kann. Mit der voreingenommenen Einstellung der Briten, auch bevor sie je in Indien waren, wird gezeigt, dass Stereotype schon vor einem ersten Kontakt bestehen können. Damals waren es nicht die Medien, die heute einen großen Anteil an der Verbreitung von Stereotypen tragen, sondern Berichte von anderen oder ehemaligen Indian Civil Servants.

Bei interkulturellen Trainings orientiert sich die Trainingsmethode an der Gruppe der Teilnehmer und der Situation. Es wird zwischen verschiedenen Trainingsmethoden und -arten unterschieden. Würde man Max Müller einer Trainingsmethode zuordnen, dann der wissensorientierten Methode, da er Wissen und Fakten über Indien vermittelte. Bei der Unterscheidung der Trainingsarten wäre Müllers Kulturvermittlung eine Mischung aus informations- und verstehensorientiertem Training.[484]

---

481 Punkt 5.2.1
482 Punkt 3.2
483 Punkt 5.2.2.1
484 Punkt 5.3.2

Heute wird darauf Wert gelegt, dass interkulturelle Trainings nicht allein wissensorientiert sind, sondern dass die Teilnehmer auch interaktiv eingebunden werden. Dies geschieht aufgrund der Erkenntnis, dass persönliche Teilnahme und Engagement, im Gegensatz zum passiven Zuhören, einen höheren Lerneffekt erzeugen. So werden zum Beispiel durch Rollenspiele auf eingängige Weise kulturelle Unterschiede und die eigene kulturelle Prägung thematisiert. Es ist jedoch abschließend notwendig, über die dadurch gewonnenen Einsichten, Gefühle oder Fragen zu reflektieren und zu diskutieren, damit eventuellen Unsicherheiten begegnet wird. Bevor die interaktive Lernmethode angewandt wird, ist es zudem wichtig, über Merkmale und Unterschiede zwischen Kulturen unterrichtet zu werden. Zu diesem Zweck haben sich Wissenschaftler (unter anderem A. Thomas, G. Hofstede, E. Hall, F. Trompenaars) mit der Frage auseinandergesetzt, worin kulturelle Unterschiede bestehen und begründet sind.

Ein Modell, das gegenwärtig in interkulturellen Trainings Anwendung findet, ist das Modell der Kulturstandards von Alexander Thomas.[485] Dieses beschreibt Merkmale einer bestimmten Kultur und worin sie begründet sind. Die Annäherung an eine Kultur findet also zunächst dadurch statt, dass ihr gewisse signifikante Merkmale zugeordnet werden. Auch Müller hat der indischen Kultur typische Merkmale zugeschrieben, zum Beispiel die Adjektive „aufrichtig" und „transzendent". Jedoch ist keiner der von Thomas entwickelten Kulturstandards[486] für Indien in Müllers Vorlesungen zu erkennen.

Allgemeiner sind die Modelle der Kulturdimensionen. Kulturdimensionen sprechen Aspekte an, die jede Kultur betreffen, in den einzelnen Kulturen jedoch verschiedene Ausprägungen aufweisen. Die von Geert Hofstede[487] herausgearbeiteten Dimensionen und die Zuordnung Indiens innerhalb der Dimensionen finden sich bei Müller nicht. Dasselbe gilt für die Dimensionen, die Edward T. Hall[488] beschrieben hat. Bei dem Kulturdimensionen-Modell von Fons Trompenaars[489] lässt sich eine Gemeinsamkeit zu Müllers Vorlesungen finden. In der Dimension *Universalismus contra Partikularismus* bezieht sich Trompenaars auf die Kontextabhängigkeit partikularistischer Gesellschaften wie der indischen. Darin ist ein Aspekt die nicht einheitliche Auffassung von Wahrheit und Realität. Diesem Punkt spricht auch Müller in seiner zweiten Vorlesung an, in der er versuchte, dem Vorurteil zu begegnen, dass alle Hindus unaufrichtig seien. Müller machte damals schon auf die situativen Umstände aufmerksam, die für die Auffassung von Wahrheit und Realität

---

485 Punkt 5.4.2
486 Punkt 5.4.2
487 Punkt 5.4.1
488 Punkt 5.4.1
489 Punkt 5.4.1

von Bedeutung sind.[490] Des weiteren kann Indien innerhalb der von Trompenaars erarbeiteten Kategorie, die den Umgang mit der Zeit betrifft, den synchronen Gesellschaften zugeordnet werden. Also einer, im Gegensatz zu konsekutiven Gesellschaften eher vergangenheits- und gegenwartsorientierte Kultur. Darin ist unter anderem die Verehrung der Vorfahren ein wichtiger Aspekt. Und da auch Max Müller über die Bedeutung der Ahnenverehrung in Indien sprach, lässt sich zwischen dieser Dimension Trompenaars und den Vorlesungen Müller Müllers eine weitere Parallele erkennen.[491] Abschließend lässt sich sagen, dass Müller zwar keine explizite Einteilung in Dimensionen vorgenommen hat, jedoch sprach er einige Punkte an, die auch bei heutigen Kulturmodellen von Bedeutung sind.

Da der Culture Assimilator eine Trainingsmethode ist, die Theorie und Praxis miteinander verbindet und da bei Max Müllers Vorlesungen keine Interaktion ersichtlich ist, lässt sich hier keine Übereinstimmung feststellen.[492] Müller bezog sich nicht auf direkte Kontaktsituationen, auch stellte er keine direkten Fragen an seine Zuhörer. Wenn er Fragen stellte, waren diese rhetorischer Art.

Müller gebrauchte in seinen Vorlesungen keine Definitionen oder Begriffserklärungen. Dabei muss der historische Hintergrund beachtet werden. Teilweise waren die Bezeichnungen und die benannten Phänomene noch nicht als solche bekannt. Heute hingegen werden Begriffe und Definitionen ausführlich erläutert.

Während Müller sich vor allem auf die indische Vergangenheit und dabei vornehmlich auf den *Veda* konzentrierte, wird heute ein stärkerer Gegenwartsbezug hergestellt. Daher würden die indischen Epen erwähnt werden, da diese im indischen Alltag und Denken stärker präsent sind. Die Beschäftigung mit der Religion in Indien, die Müller stark betonte, spielt bei der Kulturvermittlung heute ebenfalls eine große Rolle, da die Religion in Indien einen umfassenderen Stellenwert einnimmt als in der westlichen Welt. Während Müller sich jedoch auf die vedische Religion beschränkte, werden heute überwiegend die gegenwärtigen Formen der Religionen und der religiösen Praxis in Indien erläutert. Zudem wird heute, im Gegensatz zu Müller, dem Erlernen des Sanskrit keine Bedeutung mehr beigemessen. Aufgrund der Gegenwartsorientierung werden vergleichsweise Kenntnisse der Regionalsprachen empfohlen. Da aber die englische Sprache in Indien weitreichend gesprochen wird, sind gute Kenntnisse in dieser Sprache meist ausreichend.

Müller hielt seine Vorlesungen sachorientiert, heute ist interkulturelles Training kundenorientiert. Gemeinsam ist Max Müllers Vorlesungen und der Vermittlung interkultureller Kompetenz heute, dass viele Beispiele gegeben und persönliche Erfahrungen vermittelt werden. Dies dient der

---
490 Punkt 3.4.2
491 Punkt 3.4.7
492 Punkt 5.4.3

Authentizität. Heute ist man sehr auf realitätsnahe Beispiele bedacht, Müller hingegen stützte sich auf historische Berichte und Textstellen der alten Literatur. Wenn er persönliche Erfahrungen einfließen ließ, so bezogen sich diese hauptsächlich auf Begegnungen mit Indern in Europa, da er selbst nie in Indien gewesen ist. Heute hingegen findet interkulturelle Kompetenzvermittlung anhand konkreter Kontakt- und Kommunikationssituationen statt.[493] Deshalb ist Praxiserfahrung heute ein elementarer Bestandteil der Berufsqualifikation eines interkulturellen Trainers oder einer Trainerin. Es ist wesentlich, sich ein eigenes Bild der Kultur gemacht und Erfahrungen gesammelt zu haben, um in der Lage zu sein, diese anderen Menschen zu vermitteln.

6.6. Kritische Würdigung

6.6.1 Max Müller

Während Max Müller nach seinem Tod in England und Deutschland zunehmend in Vergessenheit geriet, ist dies in Indien nicht geschehen. Dort ist sein Name nicht nur unter Wissenschaftlern, sondern auch in der breiten Bevölkerung, weiterhin bekannt. Müllers Engagement für Indien ist dort noch heute sehr geschätzt und im Denken der Menschen präsent. Wie kurzlebig seine Theorien in den Wissenschaften der Sprache, Religion und Mythologie auch gewesen sein mögen, so hat Müller „universelle und zeitlose Interessen aufgegriffen"[494] und Denkanstöße gegeben, die die Menschen aufmerksamer werden ließen.[495]
Ein Wissenschaftler wie er, der sein Leben lang in zahlreichen Artikeln, Büchern und Vorträgen seine Meinung geäußert hat, blieb nicht von Kritik verschont. Die große Bandbreite seiner Arbeiten ließ bei einigen den Zweifel aufkommen, wie man sich auf diese Weise den jeweiligen Themen mit genügend Aufmerksamkeit und Gründlichkeit widmen könne. Dies führte zu Äußerungen, Müller sei kein tiefgründiger Denker gewesen.[496] In seiner Popularität sahen manche einen Hinweis für mangelnde Qualifikation.[497] Was seine Arbeit am *Rig-Veda* betrifft, so wurde, trotz der überraschend positiven Bewertung, sowohl von indischer, als auch von deutscher Seite Kritik geübt. Der bengalische Schriftsteller Bankim Chandra Chatterjee zum Beispiel lehnte Müllers

---
[493] Punkt 5.4.3
[494] Chaudhuri, 2008:20
[495] Chaudhuri, 2008:17
[496] Mazoomdar, In: Rau (Hrsg.), 1974:133
[497] Chaudhuri, 2008:16

Edition des *Rig-Veda* ab und kritisierte auch seine indischen Zeitgenossen dafür, dass sie das Werk so bereitwillig akzeptierten. Chatterjee war allgemein gegen die Interpretation indischer Texte durch westliche Indologen. Daher schrieb er im *Calcutta University Magazine* im Jahr 1894:

> „European scholars like Max Mueller have been very eloquent on the importance of the study of the Vedas, but their point of view is exclusively the European point of view, and fails to represent the vastly superior interest Vedic studies possess for us, natives of the country."[498]

Von anderer Seite wurde Müller sogar beschuldigt, den *Rig-Veda* nicht selbst herausgegeben zu haben, sondern dass dies der Verdienst seines Assistenten Dr. Aufrecht gewesen sei.[499] Diese Anschuldigung erschien kurz nach Müllers Tod in der Zeitschrift *New York Nation*. Der Grund dafür waren freundschaftliche Diskussionen Müllers mit dem Naturforscher Charles Darwin (1809-1882), in denen Müller Darwin unter anderem auch kritisierte. Darwins Sohn machte jedoch daraus nach dem Tod seines Vaters einen erbitterten Kampf, den er mit Müller über Artikel in diversen Zeitschriften austrug und dessen Entwicklung schließlich zu der oben genannten Anschuldigung führte.

Von seinen Kollegen aus der vergleichenden Religionswissenschaft wurde Müller dafür kritisiert, dass er ein zu idealisiertes Bild der alten Religionen vermittelte. Dies sei bei einem Wissenschaftler unprofessionell.[500] Müllers Theorien sowohl die Religionswissenschaft als auch die Sprachwissenschaft betreffend, galten schon bald als obsolet, wurden angezweifelt und ersetzt.[501] Die Theorien waren zum Teil sehr spekulativ, es fehlte an Belegen.[502]

> „Im allgemeinen ist festzuhalten, dass M. Müller als Philologe gut geschult war, als Sprach- und Religionsforscher manchmal mehr wie ein Poet und Philosoph aufgetreten ist."[503]

Aufgrund der Vorlesungsreihe *Über den Ursprung und das Wachstum der Religion am Beispiel Indiens*, die Müller in der Westminster Abtei hielt, wurde er sogar der Ketzerei beschuldigt. Müller äußerte sich dazu in einem Brief an einen Freund: „Natürlich weiß ich, dass sich viele Leute über meine Vorlesungen aufregen werden. Wenn es nicht so wäre, hätte ich sie nicht geschrieben [...]."[504] An dieser Aussage wird deutlich, dass Müller sich seiner Rolle in der damaligen Gesellschaft

---
498 Das, In: Rau (Hrsg.), 1974:34
499 Van den Bosch, 2002:41
500 Chaudhuri, 2008:383
501 Chaudhuri, 2008:207
502 Van den Bosch, 2002:501
503 Windisch, 1920:271f
504 Chaudhuri, 2008:362

durchaus bewusst war und diese auch bereitwillig akzeptierte.

Andrew Lang, ein Kritiker Müllers, bemängelte, Geschichte nur anhand von Texten zu beschreiben und zu entdecken, sei unrealistisch. Zudem ließe Müller gegenwärtige Faktoren wie Bräuche und Zeremonien völlig unbeachtet. Dem stimme ich zu. Müller ließ bei seinen Vorlesungen das gegenwärtige Indien, auf das die Indian Civial Servants vorbereitet werden sollten, bis auf wenige Beispiele, vollkommen außer Acht. Er konzentrierte sich fast ausschließlich auf die Vergangenheit und die alte Literatur und konnte somit kein wahrheitsgemäßes Bild der indischen Realität gehabt haben.[505] So sagte er auch zu Beginn seiner Vorlesungen, dass, wenn er an Indien denke, dann an das Indien vor mehreren tausend Jahren.[506] Zudem neigte Müller dazu, die indische Sanskrit-Literatur in idealisierter Form darzustellen. Dazu stellte der österreichische Indologe und Ethnologe Moritz Winternitz (1863-1937) fest:

> „Immerhin dürfen wir uns von den sittlichen Zuständen im alten Indien keine allzu hohen Vorstellung machen und uns dieselben nicht so idyllisch ausmalen, wie es wohl Max Müller zuweilen getan hat. Wir hören in den Hymnen des Rig-Veda von Blutschande, Verführung, ehelicher Untreue, Abtreibung der Leibesfrucht ebenso wie von Betrug, Diebstahl und Raub. [...] Wir brauchen uns daher das Volk des Rig-Veda weder als ein unschuldiges Hirtenvolk noch als eine Horde roher Wilder ... zu denken."[507]

Die Historikerin Gita Dharampal-Frick kritisierte Müller in ihrem 2006 in der Zeitschrift *Saeculum* erschienenen Artikel *India-what can it teach us? Neue Überlegungen zu einer alten Frage* aufgrund seiner Aussage, die britische Kolonialherrschaft diene der „Fortsetzung des sprachwissenschaftlichen Erkenntnisgewinns mit anderen Mitteln"[508] und setzte ihn sogar mit Thomas B. Macaulay gleich.[509] Sie stellt Müller auf eine Ebene mit einigen seiner Zeitgenossen, die Sanskrit-Texte untersuchten, um durch die Rekonstruktion „einheimischer Rechte und Normen"[510] die britische Herrschaft zu legitimieren. Des weiteren kritisierte die Autorin, dass Müller zwar die Frage stellte, was Indien uns lehren kann, sich jedoch herausnimmt, diese Frage selbst zu beantworten. In Bezug auf Müllers vergleichende Wissenschaften, bei denen ihm auch an der Aufklärung der Inder über ihre Vergangenheit gelegen war, entgegnete Dharampal-Frick, dass Müller die Inder nicht nur über ihre eigenen Traditionen belehrte, sondern diese Traditionen sogar

---

505 Voigt, 1967:30
506 Müller, 2007:21
507 Winternitz, 1909:60
508 Dharampal-Frick, 2006:259
509 Punkt 3.2
510 Dharampal-Frick, 2006:259

festlegte.[511]

Müller nahm sich heraus, einige Hymnen des *Rig-Veda* als „childish in the extreme: tedious, low, commonplace [...]" zu bezeichnen. „But hidden in this rubbish there are precious stones."[512] Auch seine Behauptung, das wahre Indien sei das der Dorfgemeinschaften und dass die großen Städte „the most unfavorable specimens of the Indian population"[513] beherbergten, ist anmaßend, da er selbst weder ein indisches Dorf noch eine indische Stadt gesehen hatte. Dasselbe gilt für seine Äußerung, er habe mit seinen indischen Freunden in Europa „some of the best and distinguished of the sons and daughters"[514] Indiens kennengelernt. Er hatte keine Vergleichsmöglichkeiten und keine Grundlage, eine solche Aussage zu treffen, auch wenn diese schlicht als Kompliment an seine Bekannten gemeint sein konnte. Dies trifft auch auf seine Äußerung zu, man würde es dem Sprechen der Regionalsprachen anhören, ob der Lernende Sanskrit könne oder nicht. Er hat die Indian Civil Servants in Indien niemals in den jeweiligen Regionalsprachen sprechen hören. Höchstens konnte er dies bei den Prüfungen des Indian Civil Service an der Universität Cambridge bemerkt haben, da er Mitglied der Prüfungskommission war.

Dies führt zum gravierendsten Kritikpunkt an Müller; dass er nie selbst in Indien war. Er kannte das Land, dessen Verteidigung er sein Leben widmete, letztendlich gar nicht. Sein Bild von Indien stützte sich vollkommen auf die Erkenntnisse, die er aus der alten Sanskrit-Literatur schöpfen konnte sowie auf Berichte von Vertrauenspersonen. Von britischer Seite wurde Müller diese Tatsache oft vorgehalten, vor allem von denjenigen, die seine Verteidigung Indiens missbilligten. Dies wirft erneut die Frage auf, weshalb Müller dann seine Vorlesungsreihe vor den Kandidaten des Indian Civil Service halten sollte.

Müller hatte die Möglichkeit nach Indien zu reisen. Er verdiente genug und erhielt zudem regelmäßig Einladungen von indischen Bekannten und Freunden. Die Vermutung liegt daher nahe, dass Müller aus Angst, seine Vision von Indien zu zerstören, es vorzog, nicht dorthin zu reisen.[515]

Müller entschuldigte die fehlende Reise nach Indien wie folgt:

> „Der Traum meines Lebens, Indien von Angesicht zu Angesicht zu sehen, hat sich nie erfüllt. Als ich jung war, hatte ich nicht die nötigen Mittel, dorthin zu fahren, und später als ich immer wieder von meinen indischen Freunden eingeladen wurde, sie zu besuchen, da war ich zu alt und zu sehr eingebunden in meine Pflichten, denen ich nicht entrinnen konnte."[516]

---

511 Dharampal-Frick, 2006:264
512 Rothermund, In: Rau (Hrsg.), 1974:85
513 Müller, 2007:58
514 Rau, In: Rau (Hrsg.), 1974:9
515 Chaudhuri, 2008:292
516 Müller, 1982:4, zitiert nach Schlender, 2000:109

Es muss jedoch beachtet werden, dass Reisen zu der damaligen Zeit noch nicht so schnell und bequem wie heute möglich und auch die Finanzierung eine andere war. Die Kosten hätten sich allerdings bei Müller aufgrund der Einladungen in Grenzen gehalten. Es stellt sich die Frage, ob eine Person, die niemals in dem Land war, in der Lage ist, ein realistisches Bild der Kultur dieses Landes zu vermitteln. Auf der anderen Seite wurde Müller durchaus auch für kompetent gehalten, sonst wäre er nicht solch ein bekannter Wissenschaftler seiner Zeit gewesen. Es liegt im Auge des Betrachters, welchen Stimmen er Gehör schenken möchte.

6.6.2 Die Vermittlung interkultureller Kompetenz heute

Interkulturelle Kompetenzvermittlung in Form von interkulturellen Trainings hilft dabei, kulturelle Unterschiede und Andersartigkeit besser zu verstehen und damit umzugehen. Die bei Kontaktsituationen mit Mitgliedern anderer Kulturen auftretenden Phänomene werden präzise und detailliert erläutert, so dass den Teilnehmern ein besseres Verständnis für die andere Kultur sowie die Reflexion über die eigene Kultur möglich wird. Interkulturelle Kompetenz ist eine weltweit an Bedeutung gewinnende Fähigkeit in der heutigen Zeit und trägt zu einem harmonischen und verständnisvollen Kontakt und Austausch von Kulturen bei. Dennoch gibt es Kritikpunkte an interkulturellen Trainings und den dort eingesetzten Methoden, deren Beachtung von Wichtigkeit ist und deren Verbesserung in Zukunft eine Rolle spielen wird.

Trotz der zunehmenden Bedeutung interkultureller Kompetenz besteht die Gefahr, dass interkulturelle Trainings den Charakter der Instrumentalisierung bekommen, um eigene Interessen und Ziele zu verfolgen.[517]

„Beim Thema „Interkulturelle Kompetenz" in den westlichen Ländern geht es in erster Linie darum, die interkulturelle Zusammenarbeit zu optimieren und ihre Effektivität zu erhöhen. Im Umgang mit Menschen aus anderen Kulturen versucht man, den anderen zu verstehen, um dann aus dem Verstandenen eine entsprechende Handlung abzuleiten."[518]

---

517 Rathje, 2006:3
518 Tjitra; Thomas, In: Nicklas; Müller; Kordes (Hrsg.), 2006:251

Wie aus dem Zitat deutlich wird, werden interkulturelle Trainings hauptsächlich angeboten und durchgeführt, um bessere Erfolge bei der Zusammenarbeit mit Mitgliedern anderer Kulturen oder in anderen Kulturen zu erzielen. Sie sollen Zeit und Kosten bei der Zusammenarbeit sparen und dienen daher primär als Werkzeug zur Effizienzsteigerung. Das persönliche Interesse an der anderen Kultur ist lediglich sekundär. Wie die Gegenüberstellung gezeigt hat, handelt es sich um ein austauschbares Interesse an dem Land Indien.[519]

Es muss bei der Vermittlung interkultureller Kompetenz besonderer Wert darauf gelegt werden, die Teilnehmer zu sensibilisieren und darauf aufmerksam zu machen, dass es für den Kontakt mit anderen Kulturen keine Gebrauchsanweisung gibt. Interkulturelle Trainings bieten keine Patentlösungen und Hilfestellungen für jede Situation mit jedem Menschen. Es müssen kulturelle Unterschiede anerkannt und akzeptiert werden.[520] Kulturbegegnungen hängen unter anderem von der Art und den Gründen sowie der Zeit, dem Ort und den beteiligten Personen ab. Schon diese nicht abschließende Aufzählung der Faktoren machen allgemein gültige Aussagen über Kontaktsituationen mit Mitgliedern der indischen Bevölkerung unmöglich. Aufgrund der historischen Veränderungen seit Max Müllers Lebzeiten, hat sich auch die Herangehensweise der Kulturvermittlung verändert. Interkulturelle Trainings müssen der Komplexität der heutigen globalisierten Welt gerecht werden. Dazu wurde eine Vielzahl von Trainingsmethoden entwickelt; der Vortrag allein als Methode, wie bei Müller, wäre heute nicht mehr ausreichend.

Hinsichtlich der Methoden ist jedoch Vorsicht geboten. Kulturstandards beinhalten die Gefahr der unreflektierten Übernahme in jeglichen Situationen. Es wird wenig Transferkompetenz von den Teilnehmern gefordert.[521] Werden die Kulturstandards einer Kultur unflexibel betrachtet, kann dies Vorurteile und Missverständnisse noch verfestigen. Zudem müssen Kulturmerkmale nicht für alle Menschen innerhalb dieser Kultur gleichermaßen zutreffen. Interkulturelle Kontaktsituationen finden zwischen Mitgliedern verschiedener Subkulturen und Handlungsfelder statt, zum Beispiel zwischen bestimmten Berufsgruppen. Auch hier können Kontaktsituationen nicht verallgemeinert werden.[522] Weiterhin sind Kulturen zu komplex, als dass man sie allein auf ihre Kulturstandards reduzieren dürfte. Kulturstandards liefern keine ganzheitliche Beschreibung einer Kultur. Sie haben einen abstrakten und generalisierten Charakter, so dass sie nicht für sich in Anspruch nehmen können, alle Mitglieder einer Kultur individuell zu beschreiben. Allgemein können Modelle nur den Zweck der Übersicht und Strukturierung erfüllen. Dies gilt auch für den Umgang mit den Kulturdimensionen-Modellen. Diesbezüglich gibt es noch weitere Kritikpunkte.

---

519 Punkt 6.4
520 Tjitra; Thomas, In: Nicklas; Müller; Kordes (Hrsg.), 2006:253
521 Krewer, In: Thomas (Hrsg.), 1996:149
522 Krewer, In: Thomas (Hrsg.), 1996:151ff

So lässt sich zum Beispiel an Geert Hofstedes Modell kritisieren, dass die Daten seiner Studie nicht repräsentativ sind, da sie sich allein auf die Befragung von Mitarbeitern eines wirtschaftlichen Unternehmens stützen. Des weiteren kann bemängelt werden, dass die Befragungsitems westliche Ansichten und Interessen reflektieren. Diese müssen jedoch für nicht-westliche Länder nicht von Bedeutung sein. Außerdem stützen sich die Analyseergebnisse auf Hofstedes subjektive Interpretation und nicht auf ein fundiertes theoretisches Konzept.[523] Hofstede konzentrierte sich auf Nationalkulturen. Regionale und religiöse bzw. ethnische Unterschiede wurden kaum beachtet.[524] Bezüglich der Dimensionen sind einige Behauptungen bzw. Zuordnungen strittig. So äußerte er zum Beispiel, Menschen anhand ihrer Schrittgeschwindigkeit den jeweiligen Gesellschaftsformen zuordnen zu können. Dieser Behauptung fehlt es an Validität. Dies gilt ebenfalls für die Zuordnung der Eigenschaften für maskuline bzw. feminine Gesellschaften.[525] Der fünften Dimension, die Hofstede nachträglich untersucht hat, liegt eine andere Art der Befragung zugrunde. Ob sie mit den anderen Dimensionen vergleichbar ist, bleibt daher zweifelhaft. Aus diesem Grund wird diese Dimension in der Literatur oftmals ignoriert.[526] Zuletzt lässt sich kritisieren, dass Hofstede selbst die Kategorien aufstellte, in die er die ausgewerteten Daten einordnete. Die Kategorien ergaben sich also nicht aus der Umfrage, sondern wurden von Hofstede festgelegt.

Bei den anderen Modellen der Kulturdimensionen findet sich weniger Kritik als am Modell Hofstedes. Edward T. Hall geht mit seinen Formulierungen sehr behutsam um, so dass ihm nicht der Vorwurf gemacht werden kann, seine Ausführungen nicht belegen oder begründen zu können. Seine Behauptungen stützen sich nicht auf eine Datenerhebung, sondern auf die anthropologische Betrachtung von Kultur. Somit umgeht Hall zwar die Problematik valider Daten, jedoch wird die Frage der Vergleichbarkeit bzw. Objektivität aufgeworfen.[527]

Fons Trompenaars orientiert sich bei seiner Arbeit unter anderem an dem Modell von Hofstede.[528] Daher gelten die oben genannten Kritikpunkte auch teilweise für sein Modell. Zudem gilt hier, wie auch bei Hofstede, dass die verwendeten Daten seines Modells ausschließlich aus wirtschaftlichen Unternehmen stammen und daher die Repräsentativität der Studie in Frage gestellt werden kann.

Für den Culture Assimilator als Trainingsmethode gilt, sofern dieser nicht bewusst verwendet wird, dass es zur Festigung von Stereotypen kommen kann, da Verhaltenserwartungen geschaffen werden, die gegebenenfalls in der realen Kontaktsituation in dieser Art nicht auftreten. Wenn

---

523 Reimer, 2005:45
524 AFS, 2008:7
525 Punkt 5.4.1
526 Reimer, 2005:46f
527 Punkt 5.4.1
528 Punkt 5.4.1

jedoch angemerkt wird, dass der Culture Assimilator keine allgemein gültigen Informationen über bestimmte Situationen enthält, die in genau dieser Form übernommen werden können und somit auch nicht auf alle ähnlichen Situationen übertragbar sind,[529] stellt er eine anschauliche Methode dar, die von den Trainingsteilnehmern auch Transferkompetenz verlangt.

Die Kritik von Gita Dharampal-Frick an Müller lässt sich auch auf die heutige Kulturvermittlung übertragen. Die Historikerin kritisierte, dass Müller die indischen Traditionen, über die er auch die Inder informieren wollte, selbst festlegte. Auch heute werden bei interkulturellen Trainings die Aspekte der Kultur thematisiert, die dem Trainer bzw. der Trainerin in Bezug auf das jeweilige Land und die jeweilige Zielgruppe wichtig und hilfreich erscheinen. Auch wenn darauf aufmerksam gemacht wird, dass eine Kultur durch ein interkulturelles Training an wenigen Tagen nicht ganzheitlich erfasst werden kann, wird auf der anderen Seite jedoch die Kultur auf die angesprochenen Perspektiven beschränkt.

Für all diese Ansätze und Methoden der interkulturellen Kompetenzvermittlung gilt, dass sie als erste Orientierung hilfreich und wichtig sind. Versucht man jedoch, aus diesen Ansätzen und Methoden universelle Verhaltensmuster und -regeln abzuleiten, ist dies für interkulturelle Kontakt- und Austauschsituationen hinderlich und gefährlich, da somit das verstärkt wird, was durch interkulturelles Training vermieden bzw. vermindert werden soll.

---

529 Erll; Gymnich,, 2007:153

7. Zusammenfassung und Fazit

Die Aufgabenstellung der vorliegenden Arbeit lautete, die Kulturvermittlung von Max Müller, in Form seiner Vorlesungen vor den Kandidaten des Indian Civil Service, und die Vermittlung interkultureller Kompetenz heute, in Form von interkulturellen Trainings, einander gegenüberzustellen. Zum Zweck der Gegenüberstellung bin ich zu Beginn der Arbeit zunächst auf den Begriff der Kultur eingegangen. Es wurde ersichtlich, dass es sich bei dem Thema Kultur um ein sehr komplexes Phänomen handelt. Die Beschäftigung und Betrachtung damit hat sich über die Zeit hinweg verändert und entwickelt.

Anschließend habe ich im ersten Teil der Arbeit Max Müllers Biografie skizziert, um somit seine Person vorzustellen. Dies ist wichtig, um zu verstehen, wer Müller war, wie er gearbeitet hat und welche Motive bzw. Absichten ihn leiteten. Aus diesem Grund war es ebenfalls notwendig, auf den historischen Hintergrund seines Lebens einzugehen. Daraus wurde deutlich, dass der zeitliche Hintergrund sowie die vorherrschende Einstellung gegenüber der anderen Kultur Auswirkungen auf die Kulturvermittlung haben. Während Müller entgegen der damals vorherrschenden Meinung auf den Wert von kulturellem Austausch aufmerksam machte, herrscht heute Konsens darüber, dass Kulturvermittlung in einer zunehmend globalisierten Welt von Bedeutung ist. Nach der Darstellung der Zeit der britischen Kolonialherrschaft habe ich Müllers Vorlesungen an der Universität Cambridge ausführlich erläutert. Aus den Vorlesungen wurden Müllers Verständnis von Kultur, seine Herangehensweise sowie seine Methoden erkennbar. Daraufhin widmete ich mich in einem nächsten Schritt der Frage, wie sich der historische Kontext seit der Zeit, in der Max Müller lebte und arbeitete, verändert hat. Da Indien heute keine britische Kolonie mehr ist, war es wichtig, Indiens Veränderungen seit jener Zeit aufzuzeigen. Dabei habe ich mich nicht allein auf die historische Entwicklung beschränkt, sondern habe ebenfalls den wirtschaftlichen Fortschritt Indiens dargestellt. Dadurch wurde die neue Rolle Indiens sichtbar, da heute, aufgrund dieses Fortschritts, immer mehr Interesse an Indien als Handelspartner besteht. Explizit bin ich dabei noch einmal auf das Verhältnis von Indien und Deutschland eingegangen.

Nach diesem Überblick über die Geschichte Indiens, habe ich mich mit dem zweiten Teil der Arbeit, der Vermittlung interkultureller Kompetenz heute, auseinandergesetzt. Es wurde ersichtlich, welche Aspekte beim Kontakt mit anderen Kulturen eine Rolle spielen. Daran wurden auch die Veränderungen hinsichtlich der Kulturbegegnungen seit der Kolonialzeit deutlich. Heute wird zunächst durch präzise Begriffe und Definitionen in die Thematik eingeführt. Alle Phänomene interkultureller Begegnungen werden ausführlich erläutert und analysiert. Dabei wurden Gemeinsamkeiten zu Max Müller sichtbar, welcher zum Beispiel Vorurteile und Symptome des Kulturschocks ansprach, diese jedoch nicht definierte und analysierte. Außer dem Begriff des Vorurteils verwendete er zudem keine der heutigen Begrifflichkeiten, unter anderem bedingt durch den historischen Hintergrund.

Interkulturelle Kompetenz wird heute in Form von interkulturellen Trainings vermittelt. Daher habe ich Definition, Ziele sowie Trainingsarten und -methoden ausführlich dargestellt und bin auf die einzelnen Theorien, die heute bei interkulturellen Trainings Anwendung finden, eingegangen. Aufgrund dieser detaillierten Aufstellung der einzelnen Aspekte interkultureller Trainings ließ sich eine strukturierte und systematische Gegenüberstellung der beiden Kulturvermittlungsansätze durchführen. Die Beschäftigung mit Max Müllers Kulturvermittlung sowie der Vermittlung interkultureller Kompetenz heute hat gezeigt, dass beide Ansätze verschiedene Ebenen umfassen. Auf den jeweiligen Ebenen habe ich dann die Gemeinsamkeiten und Unterschiede der Kulturvermittlung herausgearbeitet und analysiert.

Die Gegenüberstellung hat ergeben, dass es Parallelen zwischen dem Kulturverständnis von Max Müller und dem Konzept der Transkulturalität von Wolfgang Welsch gibt. Zudem wurde deutlich, dass interkulturelle Begegnungen damals einerseits vom Geist des Kolonialismus, heute größtenteils von wechselseitigen wirtschaftlichen Interessen und möglichst beidseitiger Zufriedenheit geprägt sind. Es besteht eine große Nachfrage an interkulturellen Trainings. In diesem Zusammenhang wurde ersichtlich, dass sich die Zielgruppen nicht so sehr voneinander unterscheiden, wie auf den ersten Blick angenommen. Des weiteren wurde aufgezeigt, dass aufgrund der zeitlich-historischen Gegebenheiten damals und heute große Unterschiede in der Art und Methode der Vermittlung zu erkennen sind. Darüber hinaus wurde deutlich, dass Methoden, Motive und Ziele sich voneinander unterscheiden. Müller hielt Vorträge und war sachorientiert. Heute sind interkulturelle Trainings interkativer und orientieren sich am Kunden. Es wurde ersichtlich, dass eine komplexer werdende Welt auch komplexere Herangehensweisen und Methoden erfordert. In der kritischen Würdigung wurden sowohl Stärken als auch Schwächen dieser Konzepte erläutert.

Während Müller als Vermittler der indischen Kultur in der damaligen Zeit ein Außenseiter war, wird die Vermittlung interkultureller Kompetenz in der Gegenwart und Zukunft voraussichtlich noch mehr an Bedeutung gewinnen und immer gefragter sein. Sie leistet, trotz Kritik, einen wichtigen Beitrag zum besseren Verständnis und Austausch der Kulturen. Diese Art der Auseinandersetzung mit anderen Kulturen ist ein modernes Phänomen, daher ist in Zukunft damit zu rechnen, dass die bisherigen Theorien und Modelle interkultureller Kompetenzvermittlung ausgebaut bzw. neue Ideen und Methoden entwickelt werden. Natürlich ist der einzige Weg, eine Kultur richtig kennenzulernen, der längere Aufenthalt im entsprechenden Land. Jedoch ist die Vorbereitung durch interkulturelle Trainings eine erste Orientierung und Hilfestellung und sollte als solche genutzt werden.

Es wäre wünschenswert, wenn die modernen Modelle und Methoden der Kulturvermittlung kombiniert würden mit dem persönlichen Interesse und Engagement eines Max Müllers.

8. Literaturverzeichnis

AFS (American Field Service) Interkulturelle Begegnungen e.V. *Wanderausstellung 2008- Unterrichtsmaterialien.* Hamburg. 2008.

Antor, Heinz. *Multikulturalismus, Interkulturalität und Transkulturalität: Perspektiven für interdisziplinäre Forschung und Lehre.* In: Heinz Antor (Hrsg.): Inter- und Transkulturelle Studien. Theoretische Grundlagen und interdisziplinäre Praxis. Universitätsverlag Winter. Heidelberg. 2006.

Auernheimer, Georg. *Einführung in die interkulturelle Pädagogik.* Wissenschaftliche Buchgesellschaft (WBG). Darmstadt. 2007.

Baumer, Thomas. *Handbuch interkultultureller Kompetenz.* Orell Füssli Verlag AG. Zürich. 2002.

Bergé, Beate. *Die indische Wirtschaft im Überblick.* In: Werner Draguhn (Hrsg.): Indien 2004. Politik, Wirtschaft, Gesellschaft. Institut für Asienkunde Hamburg. 2004.

Bergé, Beate. *Indien als Global Player.* In: Werner Draguhn (Hrsg.): Indien 2004. Politik, Wirtschaft, Gesellschaft. Institut für Asienkunde Hamburg. 2004.

Bergé, Beate. *„Shining India"- Offshoring in Indien.* In: Günter Schucher, Christian Wagner (Hrsg.): Indien 2005, Politik, Wirtschaft, Gesellschaft. Institut für Asienkunde Hamburg. 2005.

Berger, Hermann. *Max Müller, what can he teach us?* In: Heimo Rau (Hrsg.): F. Max Müller, what can he teach us? Shakuntala Publishing House. Bombay. 1974.

Bierbrauer, Elfriede; Vial, Enzo; Bälz, Mario. *Binnen- und außenwirtschaftliche Entwicklung Indiens*. In: Werner Draguhn (Hrsg.): Indien 1999. Politik, Wirtschaft, Gesellschaft. Institut für Asienkunde Hamburg. 1999.

BME/ Bogaschewsky. *Einkaufen und Investieren in Indien. BME- Leitfaden Internationale Beschaffung, Band 4*. Union Druckerei Dresden GmbH. Dresden. 2005.

Breuninger, Silke; Brönneke, Judith. *Interkulturelle Kompetenz: Grundlagen und Erfassung*. VDM- Verlag Müller. Saarbrücken. 2006.

Brislin, Richard W.; Pedersen, Paul. *Cross- Cultural Orientation Programs*. Garden Press, INC. New York. 1976.

Chaudhuri, Nirad C. *Friedrich Max Müller. Ein außergewöhnliches Gelehrtenleben im 19. Jahrhundert*. Draupadi Verlag. Heidelberg. 2008.

Cohen-Emerique, Magalit. *Der Kulturschock als Ausbildungsmethode und Forschungsinstrument*. In: Hans Nicklas, Burkhard Müller, Hagen Kordes (Hrsg.): Interkulturell denken und handeln. Theoretische Grundlagen und gesellschaftliche Praxis. Bundeszentrale für politische Bildung, Band 595. Bonn. 2006.

Das Gupta, R. K. *Max Müller, the humanist*. In: Heimo Rau (Hrsg.): F. Max Müller, what can he teach us? Shakuntala Publishing House. Bombay. 1974.

Der Brockhaus. In einem Band. F.A. Brockhaus GmbH. Leipzig, Mannheim. 2005.

Dharampal- Frick, Gita. *India- what can it teach us? Neue Überlegungen zu einer alten Frage*. In: Jan Assmann, Manfred K.H. Eggert, Herbert Franke u.a (Hrsg.): Saeculum- Jahrbuch für Universalgeschichte, Band 57. Böhlau Verlag. Köln. 2006.

Erll, Astrid; Gymnich, Marion. *Interkulturelle Kompetenzen. Erfolgreich kommunizieren zwischen den Kulturen.* Klett Lernen und Wissen GmbH. Stuttgart. 2007.

Feldmann, Klaus. *Soziologie kompakt. Eine Einführung.* VS Verlag für Sozialwissenschaften. Wiesbaden. 2005.

Forstner, Martin. *Das Fremde als Problem der intra- und interkulturellen Kommunikation im Zeitalter der Globalisierung- insbesondere der arabisch- islamischen Welt.* In: Peter Rusterholz, Rupert Moser (Hrsg.): Collegium generale, Kulturhistorische Vorlesungen 2002/2003, Universität Bern. Peter Lang Verlag. Bern, Berlin u.a. 2005.

Geier, Bernd. *Der Erwerb interkultureller Kompetenz. Grundlagen und Schlussfolgerungen aus Theorie und Praxis.* VDM Verlag Dr. Müller. Saarbrücken. 2007.

Gosalia, Sushila. *Indien im Welthandelssystem.* In: Günter Schucher, Christian Wagner (Hrsg.): Indien 2005, Politik, Wirtschaft, Gesellschaft. Institut für Asienkunde Hamburg. 2005.

Hall, Edward T; Hall, Mildred Reed. *Understanding cultural differences. German, French and Americans.* Intercultural Press, INC. A Nicholas Brealey Publishing Company. Boston, London. 1990.

Hatzer, Barbara; Layes, Gabriel. *Interkulturelle Handlungskompetenz.* In: Alexander Thomas, Eva- Ulrike Kinast, Sylvia Schroll- Machl (Hrsg.): Handbuch interkultureller Kommunikation und Kooperation. Band 1: Grundlagen und Praxisfelder. Vandenhoeck & Ruprecht Verlag. Göttingen. 2005.

Hofstede, Geert. *Lokales Denken, globales Handeln. Interkulturelle Zusammenarbeit und globales Management.* Deutscher Taschenbuch Verlag. München. 2006.

Institut für Interkulturelles Management. Kommunikation in Südasien. Kulturstandards im Vergleich (Mansukript). Copyright: IFIM SAS- Kommunikation.

Kakar, Sudhir; Kakar, Katharina. *Die Inder. Portrait einer Gesellschaft.* Verlag C.H. Beck. München. 2006.

Kammhuber, Stefan; Schmid, Stefan. *Train the intercultural Trainer: Entwicklung eines Kompetenzprofils.* In: Matthias Otten, Alexander Scheitza, Andrea Cnyrim (Hrsg.): Interkulturelle Kompetenz im Wandel, Band 1: Grundlegungen, Konzepte und Diskurse. IKO- Verlag für Interkulturelle Kommunikation. Frankfurt am Main, London, 2007.

Kinast, Eva-Ulrike. *Interkulturelles Training.* In: Alexander Thomas, Eva- Ulrike Kinast, Sylvia Schroll- Machl (Hrsg.): Handbuch interkultureller Kommunikation und Kooperation. Band 1: Grundlagen und Praxisfelder. Vandenhoeck & Ruprecht Verlag. Göttingen. 2005.

Kleiner, Marcus S.; Strasser, Hermann (Hrsg.). *Globalisierungswelten- Kultur und Gesellschaft in einer entfesselten Welt.* In: ders. Herbert von Halem Verlag. Köln. 2003.

Kordes, Hagen; Müller, Burkhard. *Felder interkulturellen Handelns.* In: Hans Nicklas, Burkhard Müller, Hagen Kordes (Hrsg.): Interkulturell denken und handeln. Theoretische Grundlagen und gesellschaftliche Praxis. Bundeszentrale für politische Bildung, Band 595. Bonn. 2006.

Kordes, Hagen. *Interkultureller Umgang mit Fremdheitserfahrungen.* In: Hans Nicklas, Burkhard Müller, Hagen Kordes (Hrsg.): Interkulturell denken und handeln. Theoretische Grundlagen und gesellschaftliche Praxis. Bundeszentrale für politische Bildung, Band 595. Bonn. 2006.

Krack, Rainer. *Kulturschock Indien.* Reise Know- How Verlag Peter Rumpt GmbH. Bielefeld. 2007.

Krewer, Bernd. *Kulturstandards als Mittel der Selbst- und Fremdreflexion in interkulturellen Begegnungen.* In: Alexander Thomas (Hrsg.): Psychologie interkulturellen Handelns. Hogrefe Verlag für Psychologie. Göttingen, Bern, Toronto, Seattle. 1996.

Kruse, Beate. *Zur Globalisierung in Indien.* Werner Draguhn (Hrsg.): Indien 2001. Politik, Wirtschaft, Gesellschaft. Institut für Asienkunde Hamburg. 2001.

Kulke, Hermann; Rothermund, Dietmar. *Geschichte Indiens. Von der Induskultur bis heute.* C.H Beck Verlag. München. 2006.

Kumbruck, Christel; Derboven, Wibke. *Interkulturelles Training. Trainingsmanual zur Förderung interkultureller Kompetenzen in der Arbeit.* Spinger-Verlag. Heidelberg. 2005.

Layes, Gabriel. *Kulturdimensionen.* In: Alexander Thomas, Eva- Ulrike Kinast, Sylvia Schroll-Machl (Hrsg.): Handbuch interkultureller Kommunikation und Kooperation. Band 1: Grundlagen und Praxisfelder. Vandenhoeck & Ruprecht Verlag. Göttingen. 2005.

Lüders, Helmut. *Wissenschafts- und Forschungspolitik.* In: Werner Draguhn (Hrsg.): Indien 2002. Politik, Wirtschaft, Gesellschaft. Institut für Asienkunde Hamburg. 2002.

Lütt, Jürgen. *Indien in seiner weltgeschichtlichen Bedeutung- 124 Jahre nach Max Müller.* In: Jan Assmann, Manfred K.H. Eggert, Herbert Franke u.a (Hrsg.): Saeculum- Jahrbuch für Universalgeschichte, Band 57. Böhlau Verlag. Köln. 2006.

Mahbubani, Kishore. *Die Rückkehr Asiens. Das Ende der westlichen Dominanz.* Propyläen (ein Verlag der Ullstein Buchverlage GmbH). Berlin. 2008.

Maletzke, Gerhard. *Interkulturelle Kommunikation. Zur Interaktion zwischen Menschen verschiedener Kulturen.* Westdeutscher Verlag. Opladen. 1996.

Matter, Dirk. *Deutsch-indische Joint Ventures*. In: Werner Draguhn (Hrsg.): Indien 2000. Politik, Wirtschaft, Gesellschaft. Institut für Asienkunde Hamburg. 2000.

Mazoomdar, Pratap Chunder. *Max Mueller's Relations with India*. In: Heimo Rau (Hrsg.): F. Max Müller, what can he teach us? Shakuntala Publishing House. Bombay. 1974.

Michaels, Axel. *Der Hinduismus. Geschichte und Gegenwart*. C.H. Beck oHG. München. 2006.

Mitchell, Charles. *Interkulturelle Kompetenz im Auslandsgeschäft entwickeln und einsetzen*. Deutscher Wirtschaftsdienst. Köln. 2000.

Mitterer, Katrin; Mimler, Rosemarie; Thomas, Alexander. *Beruflich in Indien. Trainingsprogramm für Manager, Fach- und Führungskräfte*. Vandenhoeck & Ruprecht. Göttingen. 2006.

Mookerjee, Nanda. *Max Müller- Behramji M. Malabari and Bal Gangadhar Tilak*. In: Heimo Rau (Hrsg.): F. Max Müller, what can he teach us? Shakuntala Publishing House. Bombay. 1974.

Moosmüller, Alois. *Interkulturelle Kommunikation. Konturen einer wissenschaftlichen Disziplin*. In: Münchener Beiträge zur Interkulturellen Kommunikation 20. Waxmann Verlag. München, Münster u.a. 2007.

Müller, Friedrich Max (Hrsg.). *Rig-Veda-Samhita. The sacred hymns of the Brahmans. Together with the commentary of Sayanacharya. Edited by F. Max Müller, Volume 1*. In: The Chowkhamba Sanskrit Series, Work No.99. The Vidya Vilas Press. Varanasi. 1966.

Müller, Friedrich Max. *India, what can it teach us? A course of lectures delivered before the university of Cambridge*. Bibliobazaar. Charleston. 2007.

Müller, Georgina (Hrsg.) *The life and letters of the right honourable Friedrich Max Müller, Vol. I&II.* Longmans, Green & Co. London, New York, Bombay. 1902.

Podsiadlowski, Astrid. *Interkulturelle Kommunikation und Zusammenarbeit. Interkulturelle Kompetenz trainieren; mit Übungen und Fallbeispielen.* Verlag Franz Vahlen. München. 2004.

Rajadhyaksha, Niranjan. *The rise of India. Its Transfornation from Poverty to Prosperity.* John Wiley & Sons (Asia) Pte Ltd. Singapore. 2007.

Rau, Heimo. *Friedrich Max Müller. The man and his life.* In: Heimo Rau (Hrsg.): F. Max Müller, what can he teach us? Shakuntala Publishing House. Bombay. 1974.

Reimer, Annett. *Die Bedeutung der Kulturtheorie von Geert Hofstede für das internationale Management.* In: Prof. Dr. Jost W. Kramer (Hrsg.): Wismarer Diskussionspapiere, Heft 20/2005. HWS-Hochschule Wismar Service GmbH. Wismar. 2005.

Rothermund, Dietmar (Hrsg.). *Indien: Kultur, Geschichte, Politik, Wirtschaft, Umwelt.* Ein Handbuch. Verlag C.H Beck. München. 1995.

Rothermund, Dietmar. *Max Müller- India's quest for a national past.* In: Heimo Rau (Hrsg.): F. Max Müller, what can he teach us? Shakuntala Publishing House. Bombay. 1974.

Schlender, Friedemann. *Traumflieger ohne Landeplatz. Max Müller-eine deutsche Legende in Indien.* VISTAS Verlag. Berlin. 2000.

Schroll- Machl, Sylvia. *Die Deutschen-Wir Deutschen. Fremdwahrnehmung und Selbstsicht im Berufsleben.* Vandenhoeck & Ruprecht Verlag. Göttingen. 2007.

Schulz von Thun, Friedemann. *Miteinander reden: 1. Störungen und Klärungen. Allgemeine Psychologie der Kommunikation.* Rowohlt Taschenbuch Verlag. Hamburg. 2008. (a)

Schulz von Thun, Friedemann. *Miteinander reden: 3. Das „Innere Team" und situationsgerechte Kommunikation. Kommunikation, Person, Situation.* Rowohlt Taschenbuch Verlag. Hamburg. 2008. (b)

Schulz von Thun, Friedemann; Stegemann, Wiebke (Hrsg.): Das innere Team in Aktion. Praktische Arbeit mit dem Modell. Rowohlt Taschenbuch Verlag. Hamburg. 2008. (c)

Schulze-Engler, Frank. *Von „inter" zu „trans": Gesellschaftliche, kulturelle und literarische Übergänge.* In: Heinz Antor (Hrsg.): Inter- und Transkulturelle Studien. Theoretische Grundlagen und interdisziplinäre Praxis. Universitätsverlag Winter. Heidelberg. 2006.

Stang, Friedrich. *Indien. Geographie, Geschichte, Wirtschaft, Politik.* Wissenschaftliche Buchgesellschaft. Darmstadt. 2002.

Tenbruck, Friedrich H. *Die kulturellen Grundlagen der Gesellschaft. Der Fall der Moderne.* Westdeutscher Verlag. Opladen. 1989.

Thomas, Alexander. *Bedeutung und Funktion sozialer Stereotype und Vorurteile für die interkulturelle Kooperation.* In: Olga Rösch (Hrsg.): Interkulturelle Kommunikation. Stereotypisierung des Fremden. Auswirkungen in der Kommunikation, Wildauer Schriftreihe, Band 4. Verlag News & Media. Berlin. 2000.

Thomas, Alexander. *Grundlagen der interkulturellen Psychologie.* In: Alexander Thomas (Hrsg.): Interkulturelle Bibliothek, Band 55. Traugott Bautz Verlag. Nordhausen. 2005. (a)

Thomas, Alexander. *Kultur und Kulturstandards*. In: Alexander Thomas, Eva- Ulrike Kinast, Sylvia Schroll- Machl (Hrsg.): Handbuch interkultureller Kommunikation und Kooperation. Band 1: Grundlagen und Praxisfelder. Vandenhoeck & Ruprecht Verlag. Göttingen. 2005. (b)

Thomas, Alexander. *Die Bedeutung von Vorurteil und Stereotyp im interkulturellen Handeln*. In: Interculture journal. Online- Zeitschrift für interkulturelle Studien. Jahrgang 5, Ausgabe 2. 2006.

Tjitra, Hora; Thomas, Alexander. *Interkulturelle Kompetenz und Synergiepotenziale*. In: Hans Nicklas, Burkhard Müller, Hagen Kordes (Hrsg.): Interkulturell denken und handeln. Theoretische Grundlagen und gesellschaftliche Praxis. Bundeszentrale für politische Bildung, Band 595. Bonn. 2006.

Trompenaars, Fons. *Handbuch globales Managen. Wie man kulturelle Unterschiede im Geschäftsleben versteht*. ECON Verlag. Düsseldorf, Wien, New York, Moskau. 1993.

Upadhyaya, S.A. *Editing the Rig-Veda to-day*. In: Heimro Rau (Hrsg.): F. Max Müller, what can he teach us? Shakuntala Publishing House. Bombay. 1974.

Van den Bosch, Lourens P. *Friedrich Max Mueller. A life devoted to humanities*. Brill Verlag. Leiden, Bosten, Köln. 2002.

Voigt, Johannes. *F. Max Müller. The man and his ideas*. Firma K. L. Mukhopadhyay. Kalkutta. 1967.

Volkmann, Laurenz. *Aspekte und Dimensionen interkultureller Kompetenz*. In: Laurenz Volkmann, Klaus Stierstorfer, Wolfgang Gehrung (Hrsg.): Interkulturelle Kompetenz. Konzepte und Praxis des Unterrichts. Narr-Studienbücher. Narr Verlag. Tübingen. 2002.

Welsch, Wolfgang. *Transkulturalität. Zur veränderten Verfassung heutiger Kulturen*. In: Irmela Schneider, Christian W. Thomsen (Hrsg.): Hybridkultur. Medien, Netze, Künste. Wienand Verlag. Köln. 1997.

Windisch, Ernst: *Geschichte der Sanskrit-Philologie und indischen Altertumskunde. Zweiter Teil*. Vereinigung wissenschaftlicher Verleger, Walter de Gruyter & Co. Berlin und Leipzig. 1920.

Winternitz, Moritz. *Geschichte der indischen Literatur. Erster Band*. C.F. Amelangs Verlag. Leipzig. 1909.

Woyke, Wichard. *Indien- eine aufstrebende Weltmacht voller Widersprüche*. In: Politische Bildung Indien 2008/1: Beiträge zur wissenschaftlichen Grundlegung und zur Unterrichtspraxis. Wochenschau Verlag, Dr. Kurt Debus GmbH. Schwalbach/ Ts. 2008.

Zingel, Wolfgang-Peter. *Indien: Erfolgreich als Dienstleistungsexporteur*. In: Werner Draguhn (Hrsg.): Indien 2000. Politik, Wirtschaft, Gesellschaft. Institut für Asienkunde Hamburg. 2000.

Internetquellen:

www.cia.gov/library/publications/the-world-factbook/geos/in.html (Aufruf am 09.05.2009)

http://www.dig-bundesverband.de/de;die-dig;struktur-und-zweiggesellschaften.htm (Aufruf 09.05.2009)

http://www.undp.org.in (Aufruf 09.05.2009)

9. Anhang

9.1 Übersicht über Müllers Werke

1844	*Hitopadesa*, altindischen Fabelsammlung (deutsche Übersetzung)
1847	*Meghaduta*, deutsche Versübersetzung; *Beziehung zwischen Bengali und einheimischen indischen Sprachen*
1849 - 1874	*Rig-Veda* und Sayanas Kommentar (sechs Bände)
1853	*Essay über turanische Sprachen; Essay über Indische Logik*
1854	Vorschläge für ein einheitliches missionarisches Alphabet; *Sprachen am Kriegsschauplatz* (nach Beginn des Krieges auf dem Krim)
1856	*Deutsche Liebe* (Roman, deutsch; englische Übersetzung 1877 von seiner Frau); *Buddhistische Pilger*
1857	*Deutsche Klassiker*
1859	*Eine Geschichte der Alten Sanskrit-Literatur*
1861	*Vorlesungen über Sprachwissenschaft* (Band 1)
1862	*Alte Hindu-Astronomie*
1864	*Vorlesungen über Sprachwissenschaft, Band 2., Über die Sprache und Dichtung Schleswig-Holsteins* (Aufsatz)
1866	Sanskrit-Grammatik
1867	*Späne aus einer deutschen Werkstatt* (vier Bände)
1868	*Sprachschichten*
1869	*Rig-Veda Pratisakhya*
1870	*Dhammapada* (Übersetzung)
1870	Briefe über den Krieg
1873	*Rig-Veda in Samhita- und Pada-Texten; Darwins Philosophie der Sprache; Einleitung in die Vergleichende Religionswissenschaft.* (Vier Vorlesungen, Vergleiche zwischen Sprache und Religion)
1875	*J.B. Basedow* (deutsch); *Schillers Briefwechsel* (deutsch)
1876	*Über Rechtschreibung*
1878	Hibbert-Vorlesungen *Über den Ursprung und das Wachstum der Religion am Beispiel der Religionen Indiens*
1879	*Upanischaden* (Übersetzung)
1881	Ausgewählte Essays; *Kants Kritik* (Übersetzung)
1882	*India- what can it teach us?* (Veröffentlichung der Vorlesungsreihe vor den Kandidaten des Indian Civil Service), 14 der geplanten 30 Bänder der *Heiligen Bücher des Ostens* bereits erschienen

1884	Biografische Essays, *Indien in seiner weltgeschichtlichen Bedeutung* (deutsche Ausgabe der Vorlesungsreihe vor dem Indian Civil Service)
1886	Übersetzung der britischen Nationalhymne in Sanskrit (im Auftrag der Königin von England)
1887	*Die Wissenschaft des Denkens* (u.a über die Entwicklung der Sprache beim Menschen); *La Carità des Andrea del Sarto*
1888	*Biografien von Wörtern; Wissenschaft vom Denken* (drei Vorlesungen), Gifford-Vorlesungen (vier Bände)
1889	*Sprachwissenschaft* (drei Vorlesungen)
1890	*Rig-Veda* (neue Ausgabe)
1893	*Apastamba Sutras* (Übersetzung); *Späne aus einer deutschen Werkstatt* (neue Ausgabe, vier Bände, stark überarbeitet); *Vorlesungen über Vedanta-Philosophie*
1897	*Wissenschaft der Mythologie* (zwei Bände); *Auld Lang Syne* (Band 1); *Ramakrshna; Auld Lang Syne* (Band 2); *Sechs Systeme der indischen Philosophie*; *Das Pferdebühla* (deutsch); *Transvaal-Krieg*; Posthum. Autobiografie und Letzte Essays (zwei Bände)
1902	Biografie, herausgegeben von Frau Max Müller (zwei Bände)

Quelle: Chaudhuri; Schlender[530]

---

[530] Alle deutschen Werke sind in Klammern kenntlich gemacht. Bei den übrigen handelt es sich um englische Fassungen